Robert Zsolnay

111 Orte auf Ibiza und Formentera, die man gesehen haben muss

111

emons:

Bibliografische Information der Deutschen Nationalbibliothek
Die Deutsche Nationalbibliothek verzeichnet diese Publikation in der Deutschen Nationalbibliografie; detaillierte bibliografische Daten sind im Internet über http://dnb.d-nb.de abrufbar.

FSC
www.fsc.org
MIX
Papier aus verantwortungsvollen Quellen
FSC® C043106

Lektorat: Julia Lorenzer
Layout: Anja Sauerland, nach einem Konzept von Lübbeke | Naumann | Thoben
Kartografie: altancicek.design, www.altancicek.de
Kartenbasisinformationen aus Openstreetmap,
© OpenStreetMap-Mitwirkende, ODbL
Druck und Bindung: Grafisches Centrum Cuno, Calbe
Printed in Germany 2024
ISBN 978-3-7408-1979-8
Erstauflage 2016
Aktualisierte Neuauflage Februar 2024

Vorwort

Strände, Stars und Sternenhimmel – Ibiza und Formentera stehen für weit mehr als das. Das wissen Kenner nicht erst seit 2019 – als ein Privatdetektiv in einer ibizenkischen Villa den damaligen Vizekanzler Österreichs dabei filmte, wie er für versprochene Wahlkampfhilfen zum Ausverkauf seines Landes bereit war. Zwar verrät dieses Buch nicht, wo auf Ibiza die Villa liegt, in der dieser »Tango Korrupti« getanzt wurde, aber es stellt inspirierende Orte vor, an denen ein halber Tag so schnell verstreicht wie eine Stunde. Und Sie lernen sympathische Menschen kennen, die obendrein interessant und charmant sind. Selbstverständlich erfahren Sie auch, wo auf beiden Inseln die besten Partys steigen.

Ibiza hat verträumte ländliche Gegenden und Märkte, Formentera bietet die wohl schönsten Strände des Mittelmeers. Beide sind auch ohne Partybetrieb im Frühjahr, Herbst und sogar im Winter eine Reise wert. Eines der besten Museen für Gegenwartskunst in Spanien, die während der Mandelblüte Ende Januar in Weiß und Violett erstrahlende Hochebene bei Santa Agnès und die vielfältige Bar- und Restaurantszene in den Gassen von Ibiza-Stadt bieten auch dann Unterhaltung, wenn die Clubs Winterschlaf halten. Die Locals haben in dieser Zeit noch bessere Laune und erzählen gern von der reichen Historie ihrer Inseln. Man kann durch das Teleskop in der Sternwarte Eivissas auf dem Puig des Molins ins Weltall gucken, in der Oberstadt Dalt Vila auf den Spuren der Mauren wandern oder das Wildbachtal Es Broll des Buscatell erkunden, wo laut Legende feueräugige Wesen hausen. Eine Weinprobe bei den fortschrittlichsten Winzern der Inseln, wo auch der Kräuterschnaps Hierbas verköstigt wird, kann auch sehr feurig sein.

Zur Partyhochburg des Planeten wird Ibiza von Mai bis Oktober. Mein Herz gehört der Insel 24/7/365 – und Formentera begegnet mir stets, wenn ich von einem Meer in Türkis träume.

111 Orte

1 Die blaue Magie

Unikat Cala Saona

Fortuna hat dafür gesorgt, dass Formentera keinen Flughafen hat. Das Eiland, gesegnet mit kilometerlangen weißsandigen Stränden und türkis-tintenblauen Ufern, wäre andernfalls wohl längst dem Overtourism zum Opfer gefallen. Indes ist es so, dass sich während der Hochsaison viele Ibizenker für ein oder zwei Tage hierherflüchten, um dem Trubel auf ihrer Partyinsel zu entkommen.

Häufig trifft man sie in der Cala Saona, der einzigen von hohen Felsen eingefassten Badebucht Formenteras. Dieser verlockende Ort bereitet ein einzigartiges, farbenfrohes und geschütztes Badevergnügen. Cala Saona – ein Name, dessen samtweichen Klang man getrost als Versprechen von Geborgenheit deuten kann: Die Bucht ist nach Westen ausgerichtet und daher meist gut geschützt vor Wind. Ihr kristallklares Wasser verdankt sie ausgedehnten Unterwasserwiesen, deren Wurzeln den Meeresboden festigen und Sedimente aus dem Wasser filtern.

Posidonia oceanica – oder schlicht Seegras – existiert seit mehr als 100.000 Jahren, was es zu einem Methusalem unter den Organismen macht. Ein Quadratmeter Posidonia produziert so viel Sauerstoff wie ein Hektar Regenwald. Entlang der Küste der Delphin-Insel, wie Formentera auch genannt wird, gedeihen knapp 7.000 Hektar der Unterwasserwiesen. Die Pflanzen speichern große Mengen an Kohlendioxid, reinigen das Meer und dienen vielen Fischen als Laichgrund.

Zum Schutz dieses Schatzes der Meeresökologie wurde es verboten, ungeklärte Abwässer hier einzuleiten; Berufs- und Hobbykapitänen ist es untersagt, in den Posidonia-Gebieten zu ankern. Die UNESCO hat die Seegraswiesen aufgrund ihrer ökologischen Bedeutung als Weltkulturerbe geadelt. Übrigens: Wenn die Strände nach Stürmen mit dicken Polstern abgestorbenen Seegrases bedeckt sind, ist dies ein Zeichen, dass es Posidonia oceanica gut geht. Dies trifft natürlich auch auf die Strände der anderen Balearen Ibiza, Menorca und Mallorca zu.

Adresse Cala Saona, 07860 Formentera | Anfahrt Straße von Sant Francesc zum Cap de Barbaría nehmen und am Restaurant Es Cap rechts zur Bucht abbiegen | Tipp Ein guter Platz, um den Sonnenuntergang mit einem Drink zu begießen, findet sich direkt oberhalb der Bucht mit dem Kiosco Cala Saona.

2 Der Leuchtturm mit Sex-Appeal

Drehort eines Klassikers

Eine Insel plus die große Liebe – das ergibt häufig interessante Ergebnisse. Der spanische Spielfilm »Lucía y el sexo« ist ein Paradebeispiel dafür. Er erzählt die Geschichte einer jungen Frau, in der Formentera zum Heil- und Sehnsuchtsort wird. Das Werk gilt nicht nur auf der Iberischen Halbinsel als absolut sehenswert.

Hauptdarstellerin Paz Vega, die mit dem Film das Ticket nach Hollywood löste, mimt Lucía, deren Freund verstorben ist. Um über den Verlust hinwegzukommen, fährt sie auf eine Insel, wo sie einen Wiedergänger ihrer erloschenen Flamme zu erkennen meint. Carlos, so heißt der Mann, kommt so unverhofft zu einer glühenden Verehrerin, die ihn geradezu stalkt. Die Szene auf einer kleinen Straße, in der Lucía auf einem Moped dem Auto des vermeintlich Wiederauferstandenen hinterhereilt, ist atemraubend schön.

Drehort war das Asphaltband, das schnurstracks zum Faro de Cap de Barbaría führt. Der Leuchtturm bildet den landschaftlich wortwörtlich krönenden Abschluss ebenjener Straße, die für Lucía zum Sinnbild der Trauer wird. Im Film gewinnt weiterhin ein Bodenloch nahe dem Leuchtturm Bedeutung, denn darin versinkt die Protagonistin und erlebt eine Zeitreise mit erotischer Achterbahnfahrt sondergleichen.

Regisseur Julio Medem gewann mit »Lucia und der Sex« zweimal den wichtigsten spanischen Filmpreis Premio Goya sowie Preise in den Vereinigten Staaten und in Frankreich. Als Vorbereitung auf einen Formentera-Urlaub sei der Film daher unbedingt empfohlen, man wird die Fahrt zum Cap de Barbaría dann noch intensiver erleben und vielleicht auch in das Erdloch eintauchen, das leicht zu finden ist. Die Höhle, die sich darunter auftut, ist wesentlich kleiner, als sie im Film erscheint. Ein Besuch lohnt trotzdem – denn bekanntermaßen kennt Phantasie keine Grenzen.

Adresse Cap de Barbaría, 07872 Formentera | Anfahrt Leuchtturm am Ende der Straße PMV-820-1, rund 10 Kilometer südlich der Inselhauptstadt Sant Francesc, Erdloch rechts vom Leuchtturm | Tipp Nur rund 600 Meter entfernt, linker Hand vom Leuchtturm, steht der imposante Wachturm Torre des Garroveret, einer von insgesamt fünf Wachtürmen der Insel.

3 Das Can Toni

Tapas mit Wohlfühlfaktor

Ein Glas Wein oder ein Bier mit dem Genuss kleiner Häppchen anzureichern – diese Variante des Essens hat im Spanischen sogar ein Verb geboren: tapear.

Richtig, es geht um Tapas. Die finden sich inzwischen nicht nur auf der Iberischen Halbinsel, sondern rund um den Globus. Grund genug, dass Spanien die Tapas zum Immateriellen Weltkulturerbe machen möchte. Noch ist der Antrag nicht genehmigt, dennoch sei er Anlass, das Lokal Can Toni näher zu betrachten, in dem die Tapas-Kultur gepflegt wird. Gute Häppchen gibt es nicht nur bei Toni, doch er zeigt sehr schön, dass Essen erst zum Erlebnis wird, wenn die Location passt.

Zu den Besonderheiten, die eine klasse Kneipe ausmachen, zählt die Behaglichkeit. Und damit ist dieses Haus gesegnet. Spätestens seit ein jüngeres Team die Geschicke leitet. Die seit jeher eher schlichte Einrichtung haben die Neuen mit Fingerspitzengefühl aufgefrischt, sodass der Wohlfühlfaktor nun stimmt: Helle Holztische harmonieren mit weißen Wänden, die dunkel vertäfelte Bar mit den Dachbalken des mehr als 100 Jahre alten Gasthauses, das einst von einem Rückkehrer aus Kuba errichtet wurde. Accessoires? Fehlanzeige. Abgesehen vielleicht von den großen, bauchigen Glasflaschen, die in den Fensternischen Wache halten.

Sie stehen da wie stille Zeugen des Tapas-Genusses, der bereits im Don Quijote von Miguel de Cervantes geschildert wird. Der Nationaldichter verewigte kleine Stücke panierten Kaninchens sowie mit Sardinen und Hering gefüllte Teigtaschen. Im Can Toni stecken Iberico-Schinken und Kabeljau in Kroketten, würzt hausgemachte scharfe Salsa die Patatas Bravas (spanische Version der Pommes). Can Toni fügt den Gaumenfreuden eine bezaubernde Atmosphäre hinzu: sympathische Stammkunden und gute Stimmung. Wenn man abends auf den mondscheinzart erhellten Eingang zusteuert, fühlt es sich fast so an, als käme man nach Hause.

Adresse Plaça del Pilar 1, 07872 Formentera, Tel. +34/971321628 | **Anfahrt** Lokal im Ortszentrum direkt an der Inselmagistrale | **Öffnungszeiten** täglich außer Di 12–23 Uhr | **Tipp** Wer so weit in den Osten gekommen ist, sollte sich auch den Far de la Mola anschauen. Der Leuchtturm an der Steilküste markiert Formenteras östlichsten Flecken.

4 Die Joyería Majoral

Seegras aus Gold und Silber

Auf den Pityusen wird allerlei Schmuck zum Kauf angeboten – aber gute Qualität ist rar. In den Hippieboutiquen, auf den Hippiemärkten oder an den Stränden werden von Straßenverkäufern Lederbändchen mit Buntglasperlen angepriesen, vermeintlich echtes Silber und allerlei anderer Nippes. Schmuckkäufer sei wachsam, möchte man sagen. Eine der Ausnahmen ist die Goldschmiedewerkstatt von Enric Majoral. Der Mann aus Katalonien hat Formentera zum Reich seines Schaffens auserkoren.

Der Kunsthandwerker lässt sich vor allem von der Natur inspirieren, so gibt es bei ihm Seegras aus Gold und Edelmetallmuscheln in vielen Variationen. Majoral macht das nicht erst seit gestern, er hat Formentera während der 1970er Jahre für sich entdeckt, als die Insel vor allem von Aussteigern und einigen Prominenten frequentiert wurde, die dem Rummel Ibizas entgehen wollten. Im Laufe der Jahre ist Señor Majoral zu einem cleveren Geschäftsmann gereift, und der Schmuck aus seiner Werkstatt verkauft sich in ganz Spanien, mit Läden unter anderem in Barcelona und auf den übrigen Balearen-Inseln. Auch in Italien, Belgien und in Konstanz am Bodensee werden die kleinen Kunstwerke angeboten.

Ein Besuch im stilvoll eingerichteten Atelier des Goldschmieds macht schnell deutlich, warum das so ist: Rohmaterialien und Werkzeuge zeugen von der Handarbeit, die hier geleistet wird. Sein Kunsthandwerk präsentiert Majoral in edel anmutenden Glasvitrinen. Neben Neptungras und Muscheln hat er vor allem Korallenschmuck in der Auslage. Das sei gerade »en moda«, erzählt Majoral. Ob er die Werkstatt eines Tages an einen würdigen Nachfolger übergeben wird, weiß er noch nicht. Jedenfalls ist ihm daran gelegen, dass sein Lebenswerk weitergeführt wird. Am Standort des Atelierladens wird das nicht scheitern – er liegt direkt an der Inselmagistrale. Im kleinen Pilar de la Mola sind Majorals Preziosen nicht zu übersehen.

Adresse Avinguda de la Mola 89, El Pilar de la Mola, 07872 Formentera, Tel. +34/971327516, www.majoral.com | **Anfahrt** Geschäft im Zentrum | **Tipp** Am 12. Oktober hat der Ort seinen großen Tag – dann begehen die Bewohner die Festa del Pilar zu Ehren der Schutzpatronin ihres Ortes. Zentrum des Festes ist der geschmückte Kirchplatz.

5 Die Molí Vell

Hier soll einst Bob Dylan genächtigt haben

Kraftvoll streckt die Molí Vell ihre sechs Holzflügel in den Wind. Sie ist ein Prachtstück, die am besten erhaltene Windmühle Formenteras. Der Rundbau wurde originalgetreu restauriert und steht von einer Blumenwiese umgeben auf der Hochebene La Mola im Osten der Insel, wo der Wind regelmäßig besonders heftig pfeift.

Doch das Rad der Mühle dreht sich schon lange nicht mehr, Ende der 1950er Jahre wurde der Betrieb eingestellt. Danach bewohnte eine Hippie-Kommune diesen Ort. Angeblich soll Folkrock-Legende Bob Dylan einige Zeit zu Gast gewesen sein. Ob der Star hier seinen Kultsong »Blowing in the Wind« ersonnen hat, ist nicht überliefert, die Molí Vell wäre jedoch der perfekte Ort dafür gewesen. Angeblich hielt sich Dylan auch an anderen Orten der Delphin-Insel auf – historisch belegt ist jedoch keiner der Besuche.

In früheren Jahrhunderten prägten Windmühlen das Landschaftsbild auf den Pityusen. In der Molí Vell (fertiggestellt 1887) zermalmte ein rund 200 Kilogramm schwerer Mahlstein Roggen, Weizen und Mais zu feinem Mehl. Windmühlen gibt es auf den Pityusen etwa seit dem 9. Jahrhundert, die Mühle von La Mola ist also ein vergleichsweise spätes Exemplar. Wie viele andere Errungenschaften der Landwirtschaft haben die Inseln diesen technischen Fortschritt den Mauren zu verdanken. Zuvor haben die Bauern ihr Getreide mit Hilfe von Maultieren oder Wasserkraft zu Mehl verarbeitet.

Derzeit stehen auf den Pityusen noch rund 40 Windmühlen. Wie die meisten Molís hat jene von La Mola drei Etagen: In der obersten war die Achse des Rads untergebracht, dessen Flügel die Kraft des Windes auffingen und über Zahnräder auf den Mahlstein übertrugen. Von dort fiel das Mehl in die mittlere Etage, wo es gesiebt und in Säcken oder Wannen gesammelt wurde. Das Parterre diente als Lager und Aufenthaltsraum. Verbunden waren die Etagen über eine Wendeltreppe, die an der Innenwand emporführte.

Adresse PM-820, El Pilar de la Mola, 07872 Formentera, Tel. +34/971187130 | Anfahrt Mühle knapp 1 Kilometer außerhalb von El Pilar Richtung Leuchtturm Far de la Mola, rechts von der Straße | Tipp Archäologisch Interessierte können in der Nähe die Relikte des einstigen Römerkastells Can Pins besuchen.

6 Stockfisch in Feigenduft

Prämierte Traditionsküche im Sa Figuera

Der süßliche Duft des namensgebenden Baumes verwöhnt die Gäste, aber die müssen schon den Parkplatz des Lokals aufsuchen, um die Feige zu entdecken. Aber wen stört das angesichts der Leckereien, die hier serviert werden? Wer Köstlichkeiten aus dem Meer speist, kann sicher sein, dass es sich um frischen Fang aus den umliegenden Gewässern handelt. Der entsprechende Hinweis, den Gastronom Joaquín Rodríguez prominent am Eingang des Restaurants platziert hat, ist ernst gemeint, denn im Sa Figuera hält man Wort.

Dies rührt daher, dass sich das Lokal jahrzehntelang in der Hand der Familie von Joaquíns Frau befand, deren Großvater als Kenner lokalen Brauchtums galt und lange die Geschicke der Bar Sa Figuera leitete. Damals war Formentera noch ein echter Geheimtipp. Für den Wein der Bar erntete man die Trauben eigenhändig, die Kinder stampften die Früchte im Steintrog barfuß, und es war Aufgabe des Familienoberhaupts, daraus den *vi pagès* (Bauernwein) zu keltern. Im Frühjahr 2023 hat der Urvater des Sa Figuera im Alter von 94 Jahren das Zeitliche gesegnet.

Schmackhafte Alternativen zu Fisch gibt es im Sa Figuera genug. Auch die Gemüsepaella, der Linseneintopf mit Gemüse der Saison und das Fleisch vom Grill munden. Die vom Gatten der Enkelin geleitete Küche wird von vielen Einheimischen als Rückgrat der Gastronomie auf Formentera gelobt. Anhängern von Meereskost zum Trost: Gebratenen Tintenfisch gibt es fast immer. Eine sichere Wahl ist auch der Peix Sec, Stockfisch, der hier mit Tomaten, Oliven, Gurken und getrockneten Feigen zu einem schmackhaften Bauernsalat (Ensalada Payesa) wird.

Die Feigen-Küche hat jüngst eine Auszeichnung dafür erhalten, dass die allermeisten Gerichte auf der Karte traditionell zubereitet werden. Selbstverständlich darf die Preisverleihung auch als Anerkennung für das Wirken des Urvaters des Sa Figuera gelten.

Adresse Avenida de la Mola 5, 07872 Formentera, Tel. +34/971935988 | Anfahrt von La Savina über die Magistrale bis fast ans andere Inselende, Parkmöglichkeiten kurz hinterm Ortszentrum rechts | Tipp Von Mai bis Oktober gibt es in dem ruhigen Ort mittwochs und sonntags einen Nachtmarkt, an hübsch hergerichteten Ständen werden Kleidung, Schnitzereien, Gemälde, auf der Insel hergestellte Lebensmittel und vieles mehr verkauft (Mi, So 16.30–22.30 Uhr).

7 Das Weingut Terramoll

Edle Tropfen

Auf Formentera, das von den Phöniziern als riesiger Acker genutzt wurde, hat neben dem Getreideanbau auch die Kultivierung von Weinreben eine lange Tradition. Leider lag der Weinanbau lange brach – sodass Terramoll im Osten auf der Hochebene La Mola erst der zweite größere Winzer auf der Insel ist, der zur »viticultura« zurückkehrte.

Seit dem Jahr 2000 wird in der Bodega Wein gekeltert. Die Besitzer und Beschäftigten haben sich vorgenommen, einen möglichst umweltschonenden Anbau zu betreiben. So wurden weniger Reben pro Quadratmeter gepflanzt, als dies sonst üblich ist. Es werden die bereits seit Langem auf den Balearen vorkommenden weißen Trauben Prensal Blanc und Malvasia kultiviert, für die der Boden auf dem ausgedehnten Kalkplateau von La Mola offensichtlich ein ideales Terroir ist. Um sie vor dem Wind zu schützen, der hier häufig und stark bläst, sind die Weinfelder mit Mauern umgeben.

Der leichte Rotwein, den man in der Bodega verkosten kann, mundet übrigens vorzüglich zu den beiden kulinarischen Spezialitäten des Eilands: luftgetrockneter, mit Salz gepökelter Fisch (Peix Sec, siehe Ort 6) und getrockneter Käse. Beides sind schmackhafte Speisen, die allerdings etwas schwer die Gurgel runtergehen – da kann ein gutes Glas Wein helfen.

Auf dem Weingut Terramoll werden Rotwein, Rosé und Weißwein produziert. Dafür, dass dieser Betrieb erst seit etwas mehr als 15 Jahren existiert, genießen seine Tropfen einen hervorragenden Ruf. Es gab bereits zahlreiche Nominierungen bei nationalen wie internationalen Wettbewerben, wobei bereits einige prestigeträchtige Auszeichnungen eingeheimst werden konnten. Das freut und motiviert die beiden Chefs sowie die Angestellten. Zum Massenhersteller kann man auf der kleinen Insel Formentera trotz aller Erfolge nicht heranwachsen. Doch das stört in diesem Vorzeigeunternehmen nun wirklich niemanden.

Adresse Carretera La Mola, El Pilar de la Mola, 07872 Formentera, Tel. +34/971327293, www.terramoll.es | **Anfahrt** Schild zum Weingut an der PM-820, rund 5 Kilometer vor El Pilar | **Öffnungszeiten** Besichtigungen mit Verköstigung Juni–Sept. Di–So 19 Uhr (tel. Voranmeldung nötig), Direktverkauf ganzjährig Mo–Fr 9–13.30 Uhr | **Tipp** Wer keinen Alkohol mag, besucht den Kunsthandwerkmarkt »Fira de la Mola« (Mai–Mitte Okt. Mi, So).

8 Das Agroturismo Es Pas

Unscheinbares Luxuspaket

Die Macher des Agroturismo Es Pas haben sich der »modestia« verschrieben – zumindest auf den ersten Blick. Auf den zweiten ist diese Unterkunft ein Urlaubsdomizil für anspruchsvolle Gäste. Auch wenn Agroturismo so viel bedeutet wie Unterkunft mit angeschlossener Landwirtschaft, im Klartext: Urlaub auf dem Bauernhof. Indes, wer hier Schafe und Ziegen oder Obstbäume und Gemüsefelder erwartet, liegt falsch. Denn das Es Pas verdient eher den Titel eines gehobenen Landhotels.

Dieses Zuhause auf Zeit bietet den Luxus eines guten Viersterners – samt großem Pool, Schatten spendenden Palmen und unmittelbarer Nähe zu zwei Traumstränden Formenteras. Wer einen fahrbaren Untersatz besitzt, sei es Fahrrad, Motorroller oder Auto, ist gleich dort. Doch am besten legt man den Weg zum Strand per pedes zurück, die Platja de Migjorn und die Platja von Es Caló de Sant Agustí liegen sozusagen nur einen Handtuchwurf entfernt. Die bescheidene Schönheit von Es Pas befindet sich genau dort, wo das lang gestreckte Formentera wespentaillenschlank ist. Das Hotel ist Teil einer mehr als 200 Jahre alten Finca, auf der vor allem Feigen und Oliven angebaut werden. Frisches Obst ziert auch das Frühstücksbüfett.

Wer abends keine Lust verspürt, sich in einer der nahen Bars ins Nachtleben zu stürzen (das während der Saison auch auf Formentera durchaus vorhanden ist), kann sich unter freiem Himmel in ein Day-Bed fläzen. Diese Sorte Bett unter freiem Himmel ist für passionierte Sternegucker eine himmlische Beobachtungsstätte. Vor allem wenn im Sommer die Perseiden, ein Meteoritenhagel, den Nachthimmel zur Sci-Fi-Leinwand machen. Dieses Himmelsschauspiel mit mehr Sternschnuppen als verfügbaren Wünschen ereignet sich jedes Jahr Mitte August. Und es gibt nicht viele Orte in Europa, wo sich das Spektakel so genussvoll erleben lässt wie in Es Pas. Das Warten auf das Naturwunder nutzt man für ein Bad im Pool.

Adresse Can Joan Barber 4429, Es Caló de Sant Agustí, 07872 Formentera, Tel. +34/670332045, www.espasformentera.com | Anfahrt auf der Inselmagistrale PM-820 rund 7,5 Kilometer östlich von Sant Ferran | Öffnungszeiten Mai–Ende Okt. | Tipp In der Taberna Acapulco kommt die Pizza aus dem Holzofen, außerdem werden hinter der Bar gute Cocktails gemixt (Carretera la Mola, Kilometer 12,7).

9 Der Sa Talaiassa

Höchster Berg der Delphin-Insel

Die Wanderung auf den Sa Talaiassa – mit knapp 200 Metern die höchste Erhebung Formenteras – sollte sich niemand entgehen lassen, denn: Der Ausblick ist einmalig. Aus der Vogelperspektive betrachtet verjüngt sich die Insel zur Mitte hin, Richtung Norden verbreitert sie sich zum Kopf des »Delphins«, mit dem die Form Formenteras immer wieder gern verglichen wird. Dem Wanderer leuchtet von unten der türkise Schal entgegen, der sich um die Küstenlinie schmiegt – nicht ohne Grund schwören Globetrotter auf die Strände Formenteras, deren Schönheit im Mittelmeerraum ihrer Überzeugung nach unübertroffen ist. Wer nach Süden schaut, kann an klaren Tagen sogar die Konturen Nordafrikas erkennen.

Beim Blick vom Sa Talaiassa leuchtet eine Erkenntnis der Geografie sofort ein: Das Mittelmeer hat so nicht immer existiert. Es gab Zeiten, da lag der Meeresboden als trockene, passierbare Senke da und fungierte sozusagen als Scharnier zwischen zwei festen Erdplatten. Und es gab Zeiten, in denen dieses riesige Gebiet geflutet wurde – immer dann nämlich, wenn die Erdplatten sich verschoben und die Senke auf Höhe der Straße von Gibraltar von den Wassermassen des Atlantiks überschwemmt wurde. Genau in so einer Phase befinden wir uns auch heute. Die Balearen muss man sich als höchste Gipfel des Ausläufers des andalusischen Gebirgsrückens vorstellen, der etwa auf der Höhe von Alicante im Meer versinkt.

Doch zurück zum »Mount Everest« von Formentera: Wer den rund einstündigen Aufstieg auf dem alten Römerweg (Camí Romà oder Camí de sa Pujada) auf sich nimmt, wird belohnt werden – »vale la pena« heißt es so schön im Spanischen: Es ist die Mühe wert. Neben Ginster gehören Lavendel und Pinien zu den ständigen Begleitern auf dieser Route, die zu den schönsten Wanderwegen der Pityusen zählt. Startpunkt ist das Hostal Entrepinos etwas außerhalb von Es Caló.

Adresse Hostal Entrepinos, Es Caló de Sant Agustí, 07872 Formentera | Anfahrt an der Carretera La Mola, Kilometer 12,3 | Tipp Formenteras bestes Fischrestaurant heißt Pascual. Es ist bereits seit 1964 die erste Adresse in Es Caló de Sant Agustí und hat viele einheimische Gäste (Tel. +34/971327014).

10 Der Hafen mit Historie

Das Straflager von Diktator Franco

Jeder Ort trägt ein Parfum. Im Fall von S'Estany des Peix verströmt die Basisnote einen deftigen salzigen Geruch. Die Lagune genießt mit einer maximalen Tiefe von etwa drei Metern große Beliebtheit bei Eltern kleiner Kinder. Und sie hat eine traurige Geschichte, die den meisten Besuchern unbekannt sein dürfte.

Das scheinbare Idyll befindet sich direkt gegenüber dem modernisierten Hafen von La Savina gleich jenseits der Hauptstraße. Es erzählt eine traurige Epoche spanischer Geschichte: An der Ostseite der Lagune ließ einst Diktator Franco ein Straflager errichten, in dem laut offiziellen Angaben zwischen 1.500 und 2.000 Gefangene unter menschenunwürdigen Bedingungen in Baracken eingesperrt waren.

Francos Faschisten zettelten 1936, unterstützt von Klerus und Adel, einen Putsch gegen die demokratisch gewählte Regierung und die von ihr 1931 ausgerufene Republik an. Der Staatsstreich mündete in den erbittert geführten, äußerst blutigen Spanischen Bürgerkrieg (1936–1939). Im Gemetzel zwischen den von Hitler-Deutschland und Mussolini-Italien unterstützten Faschisten und den von internationalen Brigaden verstärkten Republikanern ließen etwa eine halbe Million Menschen ihr Leben. Nach Kriegsende ging das Sterben in Francos Straflagern weiter: Allein im von Mauern und Stacheldraht begrenzten Pferch von S'Estany des Peix sollen zwischen 1940 und 1942 mindestens 58 republikanische Gefangene durch Hunger, Seuchen und Hitze umgekommen sein. Erste Überreste von Opfern wurden 2022 bei Exhumierungen auf dem Friedhof des nahen Dorfs Sant Francesc entdeckt.

Doch etwa 90 Jahre nach dem Ende der Kämpfe sollen nun auf den Pityusen erste Zeichen der Versöhnung gesetzt werden. Jüngst wurde damit begonnen, anhand der Überreste des Straflagers dessen Ausmaße und Geschichte genauer zu untersuchen. So sollen die Grundlagen für einen Erinnerungsort geschaffen werden.

Adresse S'Estany des Peix, 07870 La Savina, Formentera | Anfahrt vom Hafen auf der Hauptstraße Richtung Sant Francesc, in La Savina 1. Abzweigung rechts auf eine kleine Asphaltpiste nehmen und zu den Überresten des Straflagers | Tipp Restaurante Quimera: Nicht nur anerkannten Gourmet-Influencern mundet es hier. Auf der großen Terrasse schmecken die Kreationen von Sterne-Köchin Ana Jiménez Garcías noch besser (Tel. +39/971322279).

11 Die Strandbar Tiburón

Café del Mar für Fortgeschrittene

Der Sonnenuntergang wird auf den Pityusen zelebriert wie ein Hochamt. Bootsausflüge und Ballonfahrten werden zu jener Stunde angeboten, in der das Meer den Sonnenball verschluckt. Man sollte dann einen guten Schluck zur Hand haben, am besten einen der Drinks der Strandbar Tiburón. Denn hier im Westen Formenteras – und nicht im Café del Mar auf Ibiza – befindet sich der beste Platz, um das Naturschauspiel zu genießen. Das liegt zum einen am gehobenen Ambiente im Kiosco Tiburón (Haifisch), zum anderen daran, dass Formentera zu seinem großen Glück keinen Flughafen hat, weshalb selbst während der Hochsaison weniger Trubel herrscht als auf dem Rummelplatz rund um das Café del Mar bei Sant Antoni de Portmany. Während sich dort lange Schlangen bilden, bietet die Platja de ses Illetes auf Formentera mit dem Tiburón und weiteren Strandbars genügend Platz für einen gepflegten Sundowner.

Türkis das Wasser, fast makellos weiß der lange Sandstrand – Illetes ist zweifellos ein Juwel des Mare Nostrum. Von der Fähranlegestelle La Savina ist der traumhafte Küstenstreifen schnell und bequem zu erreichen, am besten mit dem Fahrrad, das es an Leihstationen im Hafen gibt.

Im Tiburón steigert sich die Musik ins Dramatische, wenn die Sonne ins Wasser taucht, laut und immer lauter wird der Sound: Frauen, Männer, Kinder – alle starren wie in Trance auf den Horizont. Dazu werden leckere Snacks (Hummus, Guacamole, Oliven, Brotfladen, Scampi), Wein, Bier, Cocktails oder alkoholfreie Alternativen serviert. Wer das Naturspektakel mit dem ein oder anderen Getränk sowie mit schmackhaften Leckerbissen veredelt, muss im Tiburón allerdings schon ein bisschen Geld liegen lassen. Aber es lohnt sich. Das freundliche Personal, fast so hübsch wie die Gäste, macht die nahende Nacht zu einer Verheißung. Und der Haifisch, der hat Zähne – das Personal ist wählerisch, gut so.

Adresse Camí de Can Blaiet, Platja de ses Illetes, 07860 Formentera, Tel. +34/659638945 | Anfahrt von La Savina aus vor dem Estany Pudent links Richtung Platja de ses Illetes abzweigen | Öffnungszeiten während der Badesaison 10–24 Uhr | Tipp Der Kiosco Tanga an der Platja de Llevant ist der Gegenpart zum Tiburón. Das Dach des Tanga wird von einem großen Stamm gestützt, was dem Lokal eine urwüchsige Note gibt.

12 Die Blue Bar

Vamos a la playa

Formentera ähnelt vom Flugzeug aus betrachtet einem springenden Delphin. An seiner südlichen Flanke erstreckt sich in reinem Weiß die mehr als sieben Kilometer lange Plajta de Migjorn, der längste Strand der Pityusen. Just an diesem Bilderbuchstrand liegt die Blue Bar.

Schon die Hippies versammelten sich hier, um einen Joint zu rauchen und die Symphonie aus Weiß, Dunkelblau und Türkis auf sich wirken zu lassen, die auf der Terrasse jeden Tag erklingt. Heutzutage sitzen hier auch Nerds und lauschen ihrem ganz eigenen Soundtrack. Jeder, wie er möchte. Die Laisser-faire-Stimmung trägt wie die atemraubende Kulisse, die blauen Stühle und Tische sowie die gemauerten Bänke zum Zauber des Ortes bei, der seit einigen Jahren übrigens von Deutschen gemanagt wird.

Wer oberhalb der Platja de Migjorn sitzt und auf das türkisblaue Meer schaut, glaubt gern, dass sich Bob Dylan und die Musiker der Band Pink Floyd hier einst zu dem einen oder anderen Song inspirieren ließen. Vor allem in Vollmondnächten ist die Kulisse einmalig – »Shine on you crazy diamond« raunt es einem ins innere Ohr. Manche verweilen Stunden an diesem Ort, einfach weil es so schön ist. Wem das zu langweilig wird, der unternimmt einen langen Spaziergang an der schier endlosen Platja Migjorn. Weiter als hier kann man an keinem Strand der Pityusen in eine Richtung laufen – meist mit fast makellos weißem, feinem Sand unter den Sohlen.

Bei Sportveranstaltungen bauen die Barbetreiber eine Großleinwand auf, dann kommt hier sogar Stadionstimmung auf. Und es muss damit gerechnet werden, dass nach Ende einer Übertragung bisweilen so intensiv diskutiert, getrunken und gefeiert wird, dass die Zeit verfliegt und plötzlich die Sonne aufgeht. Die Nächte auf Formentera können also auch sehr lang werden – auch wenn es keine Mega-rund-um-die-Uhr-Clubs gibt wie auf der großen Schwesterinsel.

Adresse Platja de Migjorn, Sant Ferran de ses Roques, 07871 Formentera, Tel. +34/666758190, www.bluebarformentera.com | **Anfahrt** nur über eine Sandpiste zu erreichen, zweigt etwa auf halber Höhe zwischen Sant Ferran und Es Caló de Sant Agustí rechts von der Inselmagistrale PM-820 ab | **Öffnungszeiten** täglich 10–etwa 3 Uhr | **Tipp** Das Restaurante Sol y Luna westlich des Wachturms Torre des Pi de Català bietet eine familiäre Atmosphäre und gutes Essen.

13 Die Gitarrenschmiede

Wo Männer Gitarren ins Meer werfen

Ekkehard Hoffmann stammt aus Bielefeld und war schon immer passionierter Hobbymusiker. Ende der 1980er Jahre hat der Elektroingenieur, der nebenbei ein kleines Tonstudio betrieb, beschlossen, seine Leidenschaft zum Beruf zu machen, und ist bei Formentera-Guitars eingestiegen. Das Geschäft genießt inzwischen Kultstatus in der Gitarristen-Szene, zumindest im deutschsprachigen Raum und in Spanien.

In Ekkis dreiwöchigen Gitarrenbaukursen werden Klampfer zu Enthusiasten. Tagelang auf der mit den schönsten Stränden des Mittelmeers gesegneten Insel an einer Gitarre zu feilen, das Stück Holz, aus dem sie entsteht, mehrmals ins Meer zu schmeißen (soll gut für den Holzschliff sein), schließlich die ersten Akkorde oder Riffs auf dem Eigenbau zu spielen – das schweißt zusammen und stärkt die Bande zwischen Musiker und Instrument. Meist sind es Männer, die kommen. »Pro Jahr habe ich leider nur eine Quotenfrau«, erzählt der Sixty-Something. Ein paarmal sei es jedoch schon vorgekommen, dass Paare bei ihm zum Kurs antraten, das sei aber eher die Ausnahme.

In der Werkstatt geht es hemdsärmelig professionell zu, das Material kauft der Chef persönlich ein, meist in Deutschland, wo er rund vier Wochen pro Jahr verbringt. Die restliche Zeit gehört Formentera, in das er sich kurz nach seinem ersten Kurs verliebt hat. Damit das Geschäft weiterläuft, sucht Ekkehard Hoffmann gerade nach einem Partner, denn seine beiden ursprünglichen Kompagnons sind ausbezahlt, und seit Jahren ist das Gitarrenbau-Unternehmen eine One-Man-Show. Er habe bereits einige Assistenten während der Hochsaison beschäftigt, doch der Wunschnachfolger sei noch nicht dabei gewesen. Also Frauen aufgepasst: Wer seinem Holden einen Kurs bei Formentera-Guitars schenkt, läuft Gefahr, seine bessere Hälfte zu verlieren. Sollte das jedoch gewünscht sein, gibt es wohl kein geeigneteres Geschenk!

Adresse Formentera Guitars, Carrer Sant Jaume 17, Sant Ferran des ses Roques, 07860 Formentera, Tel. +34/971328688 | **Anfahrt** von La Savina aus auf der PM-820 nach Sant Ferran | **Öffnungszeiten** Winterpause Nov.–nach Weihnachten | **Tipp** Besucher von Sant Ferran sollten sich die Finca La Tortuga anschauen und im Restaurant speisen. Sie liegt rund einen Kilometer außerhalb von Sant Ferran, rechts von der Straße nach La Mola (Tel. +34/971328967).

14 Die Kultkneipe

Wo Besucher mit Lokalmatadoren feiern

Man muss sich Julián Tur Ferrer als bescheidenen Mann vorstellen. Dabei ist der Padron – langes graues Haar, Brille und Gastronomenbäuchlein – Chef eines Kultlokals, das mehr als 70 Jahre Historie aufweisen kann: Die Fonda Pepe wurde im Frühjahr 1953 von seinen Eltern gegründet. Das war damals eine Art Pioniertat, denn der Fremdenverkehr auf Formentera hatte gerade erst begonnen.

Eine wahre Institution also, und dennoch zeigte sich der Padron erstaunt, als die Balearenregierung ihn mit einem Preis bedachte. Er habe dies wohl seinen treuen Gästen zu verdanken, antwortete er einem Reporter auf die Frage, was ihm die Auszeichnung für herausragende Gastfreundschaft bedeute. Im Anschluss legte er Rolling-Stones-Songs auf und schenkte Freibier aus.

So ähnlich – die Musikwahl ausgenommen – hätten es wohl auch Juliáns Mutter und Vater gemacht. Sie eröffneten die Bar, um neben der Fischerei und Landwirtschaft eine verlässliche Einnahmequelle zu haben. Und das gelang. Bereits die ersten internationalen Gäste, Beatniks und Hippies, die vom unberührten Strandparadies Formentera gehört hatten, konnten in der Fonda P.Y.K. (Pepe y Katalina – bis heute sind die Initialen über der Eingangstür zu lesen) nicht nur günstig essen und trinken, sondern für lau auch in sauberen Betten schlafen.

Julián, geboren 1955, erinnert sich an Kindheitstage, als er gerade aufgestanden war und auf der Terrasse vor der Bar trunkene Gäste traf, die auf dem »Philosophenmäuerchen« saßen und sich bei einem letzten Schluck Wein in unverständlichen Sprachen unterhielten. Darunter Musiker von King Crimson, deren Song »Formentera Lady« das Eiland musikalisch verewigte. Rein äußerlich hat sich in der Fonda nicht viel geändert: bodenständig, gemütlich, ohne jeden Schnickschnack – zur Bar hat sich ein Restaurant mit passablem Essen gesellt. Ein Muss sind die regelmäßigen Flamenco-Abende.

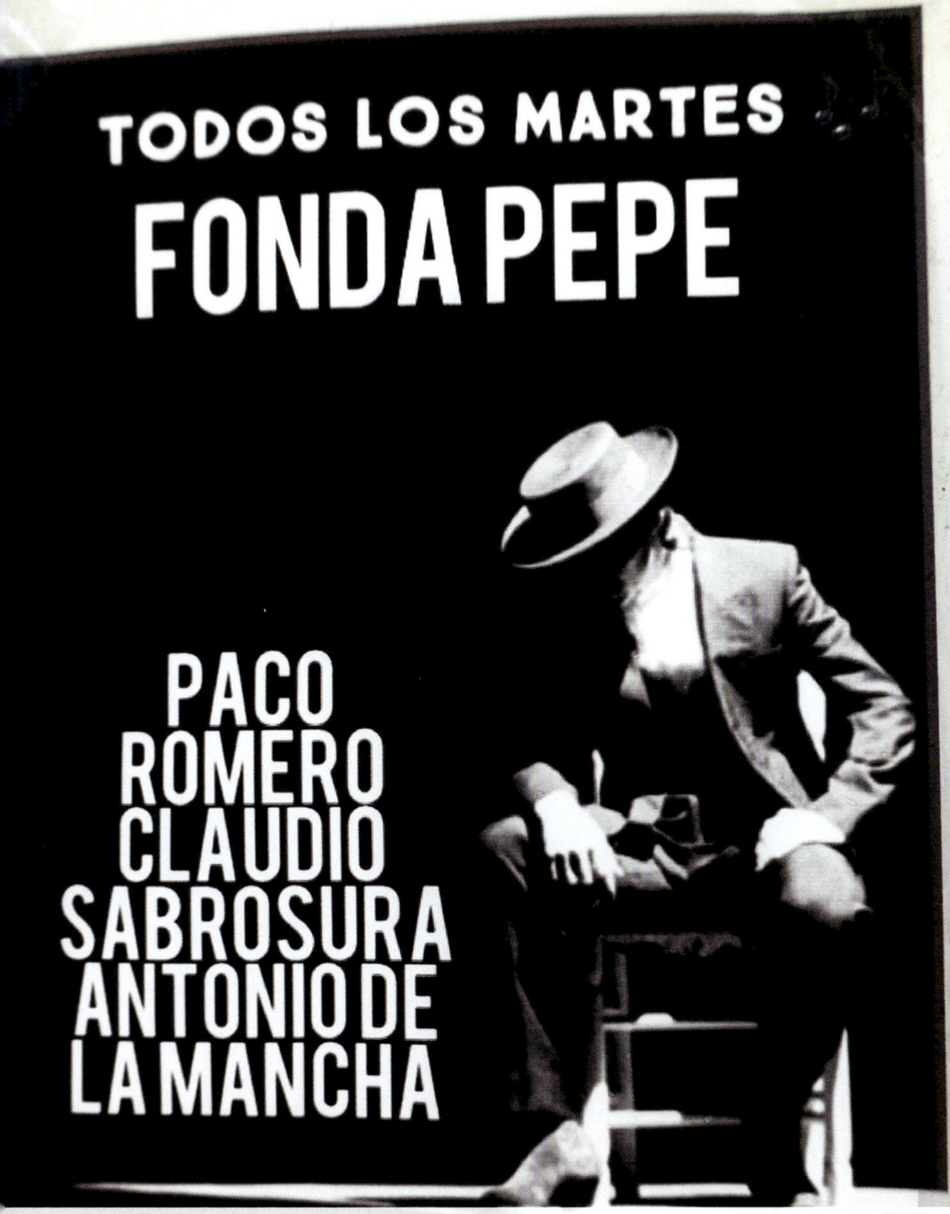

Adresse Sant Ferran de ses Roques, Carrer Major, 07871 Formentera, Tel. +34/971328033 | **Anfahrt** der Hauptstraße von La Savina Richtung El Pilar de la Mola bis San Ferran folgen, Kneipe im Ortskern linker Hand | **Öffnungszeiten** 18–etwa 1 Uhr | **Tipp** Wer sich mit leichten vegetarischen Speisen für einen langen Abend in der Fonda Pepe rüsten möchte, dem sei das Lokal Blat Picat Bar de Vegetals (täglich 8.30 – 21 Uhr) direkt an der Ortsdurchfahrt empfohlen. Feine Salate und Suppen machen die weniger reizvolle Lage locker wett (Carrer de Joan Castello Guasch 30, Tel. +34/6159956045).

15_Die Eidechsen-Route

Eine Tour mit Formenteras Wappentier

Sie lieben die Sonne, aalen sich an Hauswänden, in Mauerspalten, am Rand von Pools, auf Feldwegen oder im Gestrüpp karger Landstriche: Die Rede ist von den Pityusen-Eidechsen – dem Wappentier Formenteras, das sich als Graffiti und leibhaftig fast überall auf der Insel findet. Die »Labritja« ist der absolute Star auf Formentera.

Auf den Pityusen haben sich aufgrund der Abgeschiedenheit über die Jahrhunderte hinweg mehr als 30 Unterarten entwickelt, die es nur hier gibt. Die Eidechsen Formenteras werden größer, und sie haben eine andere Farbe als jene auf Ibiza. Da sie wie alle Zwei- und Vierbeiner vom Hunger getrieben werden, bevorzugen sie Plätze, an denen Essbares aufzustöbern ist: Restaurants, Picknick- und Müllplätze zählen daher zu ihren beliebtesten Revieren, und dort zeigen sich die farbenfrohen Reptilien weit weniger scheu, als mancher sich das wünschen würde. Besonders hungrige und neugierige Labritjas lassen sich gar wie verspielte Katzen anlocken.

Wer die Reptilien in freier Natur erleben möchte, kann von Sant Francesc eine gute Stunde lang Richtung Cala Saona wandern, eine angenehme Tour für die frühen Morgen- oder späten Abendstunden des Sommers. Den Rest des Jahres ist diese Tour jederzeit zu empfehlen. Startpunkt ist die Rückseite der Wehrkirche von Sant Francesc, wo die Eidechsen-Route im Park hinter dem Gotteshaus am kleinen Friedhof vorbeiführt, linker Hand flankiert wenig später eine Windmühle die schmale Straße. Immer geradeaus, wartet eine zweite Mühle auf den Wanderer, und der Pfad verläuft nunmehr zwischen Trockenmauern entlang – exakt auf dieser Passage präsentieren sich nun die Labritjas, allerdings wesentlich scheuer als an Orten mit Speiseresten. Die Tiere in den Mauerspalten sind vermutlich satt, und ihr Bedürfnis nach Kontakt zu Menschen hält sich in Grenzen. Welcher Ruhesuchende könnte das nicht nachvollziehen?

Adresse Sant Francesc Xavier, 07860 Formentera | Anfahrt über die PM-820, Parkmöglichkeiten hinter dem Kirchplatz | Tipp Pool und Spa sind die Highlights des Hotels Es Marès. Der Viersterner ist die wohl beste Unterkunft in der Inselhauptstadt (Tel. +34/971323216, www.hotelesmares.com).

16 Die Feigenbäume

Legendäre Exemplare entlang des Camí de la Mola

Zwei- bis dreimal jährlich trägt der Feigenbaum Früchte. Die schönsten Exemplare dieser Spezies auf den Pityusen befinden sich unweit des Dorfes Sant Francesc Xavier auf Formentera. Sie sind uralt und prächtig. Die weit ausladenden Äste werden von Pfeilern gestützt, denn die Früchte bringen Hunderte von Kilogramm auf die Waage.

Als der Habsburger-Spross Ludwig Salvator in der zweiten Hälfte des 19. Jahrhunderts auf dem Camí de la Mola lief, war er so fasziniert von den imposanten Bäumen, dass er einige Zeichnungen anfertigte, von denen eine sogar in seinem großartigen, 6.000 Seiten umfassenden Band über die Balearen Eingang fand.

Auch wenn der Feigenbaum zu den meistverbreiteten Baumarten des Mittelmeerraumes gehört, so stehen die Gewächse doch meist allein in der Landschaft oder in kleinen Gruppen. So ist es auch in der Gegend von Sant Francesc, wo die Bäume mehrmals jährlich süße Früchte hervorbringen. Vielleicht wird der Feigenbaum deswegen von den Formenteros, deren Böden sehr karg sind, so geschätzt und dementsprechend gut gepflegt. In tropischen Gefilden ist man da etwas nachlässiger, da man in Sachen süßes Obst – beispielsweise Mangos oder Papaya – dort bekanntlich verwöhnter ist. Wer genau die Feigen nach Spanien gebracht hat, ist nicht überliefert. Aber wenn man bedenkt, dass die Pityusen vor dem Zerbersten der Kontinentalplatten ein Teil Afrikas waren, erschließt sich einem so manches Wunder ihrer Fauna.

Dass dieser Baum auf Formentera so geliebt wird, liegt sicher auch daran, dass er einen extrem guten Duft verströmt. Die schmackhaften Früchte werden teilweise getrocknet, damit man sie auch während der Erntepausen als Snack oder Beilage essen kann. Feigen – ob getrocknet oder reif vom Baum gepflückt – munden außerordentlich gut zu Käse, Brot, Olivenöl und Wein, allesamt ebenfalls Klassiker der Inselküche.

Adresse Camí Vell de la Mola, Sant Francesc Xavier, 07860 Formentera | **Anfahrt** über die PM-820, zweigt vom Ortszentrum rechts der PM-820 ab, Feigenbäume rechts und links auf dem 1. Drittel des alten Weges | **Tipp** Nach dem Ausflug in die Botanik hat man sich eine Rast im Café Matinal verdient, das ein prima Frühstück serviert (Carrer Arxiduc Lluis Salvador).

17_Das Grab von James con Hielo

Pilgerstätte für eine einstige Kultfigur

Keiner kannte ihn wirklich, aber alle wussten, wie er seinen Lieblingsdrink gern serviert bekam. James aus Nordamerika trank seinen Brandy in der Wahlheimat Formentera am liebsten mit Eiswürfeln. Ansonsten war er ganz auf Love and Peace eingestellt, lästerte über das Spießerleben, verweigerte aber tiefergehende Gespräche. »Wenn du gesehen hättest, was ich gesehen habe, würdest du mich verstehen«, gab er oft zum Besten. Mehr nicht. Die Kellner der Insel tauften den schweigsamen Langhaarigen »James con Hielo« – James mit Eis.

Wenn er zu viel getrunken hatte, kam ihm doch mal das ein oder andere persönlichere Wort über die Lippen. Er habe als Fotoreporter im Vietnamkrieg gearbeitet und danach nie wieder eine Kamera in die Hand genommen. Einige Aussteiger auf Formentera mutmaßten, James sei nie Fotograf gewesen, sondern einer der Vietnamveteranen, die nach dem Agent-Orange-Krieg nicht mehr zurück ins US-amerikanische Leben fanden. Davon gab es viele, und nicht wenige schlossen sich traumatisiert der Hippie-Bewegung an, um das Gegenteil von dem zu leben, was von Soldaten verlangt wurde.

Nachdem James viel zu jung gestorben war, wurde er auf der Insel zu einer Art Kultfigur. Die Band »James con Hielo« gründete sich, eine Vier-Mann-Formation, die auf Formentera legendäre Konzerte gab und sogar ein Album herausbrachte. Mit dem Abebben der Hippiebewegung wurde die Band aufgelöst, James dagegen lebt im Geiste wie in den Erzählungen vieler weiter, die Formentera seit den 1980er Jahren kennen. Sein Grab befindet sich auf dem pittoresken Friedhof von Sant Francesc Xavier. Wer möchte, kann für das zu Lebzeiten so mürrische Blumenkind in der Kirche von Sant Francesc eine Kerze anzünden – oder in einer der Bars des Ortes einen Brandy mit Eis auf James trinken.

Adresse Friedhof der Ortskirche Sant Francesc Xavier, 07860 Formentera | Anfahrt über die PM-820, Kirche in der Ortsmitte, Friedhof 5 Minuten entfernt, Parkmöglichkeiten nahe dem Krankenhaus | Tipp Jeden Samstag von 8 bis etwa 15 Uhr herrscht rund um die Kirche buntes Flohmarkttreiben.

18 Die Platja de sa Senyora

Ausflug zu den klarsten Gewässern des Mittelmeers

Dass sich die Meerenge zwischen Ibiza und Formentera der klarsten Gewässer der Balearen rühmen darf, liegt an den ausgedehnten Seegraswiesen des Naturparks Las Salinas – Ökologen sprechen von den besterhaltenen des Mittelmeers. Das Neptungras (Posidonia oceanica) filtert Dreckpartikel und Algen aus dem Salzwasser und versorgt es mit Sauerstoff. Besonders klar sind die Gewässer des Naturparks vor S'Espalmador, weil dort keine größeren Schiffe anlegen dürfen. Wer durch die keine 400 Meter breite Meerenge Es Pas zwischen Formenteras nördlichstem Zipfel und S'Espalmador watet und in der Mitte ein wenig schwimmt, blickt auf den Meeresboden wie durch Glas.

Wer die Meerenge per Ausflugsboot von La Savina aus oder schwimmend (nur für sehr Sportliche!) von der Nordspitze der Platja de ses Illetes auf Formentera aus hinter sich gebracht hat, kann auf S'Espalmador zwei Strände erkunden, von denen der schönere die Platja de sa Senyora ist. Geschützt vom Mini-Eiland Espardell, das wie ein Wellenbrecher vor S'Espalmador liegt, kann man am »Strand der Frau« herrliche Badestunden verbringen.

Dieser Küstenstreifen eignet sich außerdem vortrefflich dafür, ein eher ungewöhnliches Selfie zu machen – das Spiegelbild auf der Wasseroberfläche dürfte sicher viele Likes in den sozialen Netzwerken bringen.

Bis auf einen Wachturm ist S'Espalmador flach wie eine Flunder. Der Turm wurde im 18. Jahrhundert errichtet und heißt Torre de sa Guardiola. Auf eine Besichtigung sollte man jedoch verzichten, allein schon aus Respekt vor den strengen Naturschutzregeln, denn der Weg quert Rückzugsgebiete von Vögeln und Pflanzen. So mancher Besucher schert sich darum leider jedoch herzlich wenig und schädigt dadurch die vergleichsweise intakte Natur des drittgrößten Pityusen-Eilands, das rund 3 Kilometer in der Länge und maximal 800 Meter in der Breite misst.

Adresse S'Espalmador, 07870 Formentera | Anfahrt per Boot von La Savina oder – für Geübte – von der äußersten Spitze der Platja Illetes watend und schwimmend | Tipp Welche Bedeutung Naturschutzgebiete wie S'Espalmador für den Erhalt einer intakten Umwelt haben, kann man im Infozentrum Can Marroig lernen. Es liegt nur knapp zwei Kilometer südwestlich von La Savina (Tel. +34/971301460).

19 Die Aigues Blanques

Der Chill-Strand

Als hätten die Götter sie wie Perlen ins Wasser geworfen – so sehen die Felsen im Wasser von Aigues Blanques aus. Warum diese Bucht mit den zwei Sandstränden ausgerechnet »Weiße Wasser« getauft wurde, bleibt dem Betrachter auch nach vielen Besuchen ein Rätsel, und selbst die Betreiber der schön gelegenen Strandbar wissen darauf keine klare Antwort. Gemutmaßt wird, dass der Name von den Wellen kommt, die sich an diesem Küstenabschnitt bei Ostwind in schäumendem Weiß brechen. An windstillen Tagen ist das Wasser glasklar und funkelt türkis und dunkelblau.

Hier dürfen Badende offiziell alle Hüllen fallen lassen. Ob die körperliche dabei immer mit der landschaftlichen Schönheit im Einklang steht, sei dahingestellt. Doch eines ist garantiert: Im unmittelbar am Wasser gelegenen Lokal Chiringuito sind die Gäste bekleidet, und nichts lenkt vom Genuss kalter Getränke und warmer, wohlschmeckender Bocadillos ab, die hier frisch zubereitet werden. Das Beste an der zauberhaften Strandbar ist der Ausblick – er ist einzigartig auf der Insel. Wer übers Meer blickt, wird die Konturen des Inselchens Tagomago erkennen, das mit Ausnahme des Leuchtturms und eines exquisiten Luxusresorts unter Naturschutz steht. Man muss sich aber nicht im Boot nach Tagomago aufmachen, um unberührte Natur zu finden, ein Abstecher ins Hinterland reicht völlig aus.

Kenner kommen zeitig zu den Traumbuchten der »Weißen Wasser«. Bereits frühmorgens wärmt die Sonne den Sand, und es gibt kaum einen schöneren Start in den Tag als ein ausgiebiges Bad im warmen Meer. Bereits am früheren Nachmittag sagt die Sonne hier: »Nos vemos mañana« (Wir sehen uns morgen).

Die Strände sind nicht einfach zu erreichen, Parkplätze sind Mangelware. Am besten den fahrbaren Untersatz beim Hostal Sa Plana stehen lassen. In der Nähe des kleinen Gästehauses bieten sich die besten Parkmöglichkeiten.

Adresse 07850 Santa Eulària des Riu | Anfahrt der Straße von Sant Carles de Peralta nach Cala Sant Vicent folgen, einige Kilometer außerhalb von Sant Carles rechts zum Hostal Sa Plana abzweigen | Öffnungszeiten Mai–Okt. täglich | Tipp Die markante Felsspitze Es Paller des Camp ist das Highlight eines kurzen Spaziergangs südlich des Clubs El Chiringuito in Richtung Platja des Figueral.

20 Das Wehrdorf Balàfia

Wie sich Bauern gegen Piraten wappneten

Die Besonderheit vieler kleiner Orte auf Ibiza und Formentera sind die Wehrtürme, die Mini-Burgen ähneln. Der Weiler Balàfia ist einmalig, da zwischen den sieben Wohnhäusern gleich zwei Wehrtürme in die Höhe ragen. Wahrscheinlich wurden sie errichtet, weil die Gärten rund um das Dorf schon immer sehr fruchtbar waren und die reichen Ernten den Ort für Räuber interessant machten. Die Bewohner Balàfias mussten sich schützen.

Wer die engen Gassen erkundet, fühlt sich wie auf einer Zeitreise. Balàfia hat sich im Wesentlichen so erhalten, wie es im 16. Jahrhundert erbaut wurde – nur die Gärten und Brunnen sind nicht mehr so zahlreich, wie in den Geschichtsbüchern geschildert. Die Bauweise greift Elemente der maurischen Architektur auf, zum Beispiel die Kuppeln und Brunnen. Die Existenz der Türme in der arabischen Epoche Ibizas ist jedoch nicht verbürgt.

»Can Bellmunt« und »Can Pere de na Bet« lauten die Namen der beiden Türme. Obwohl sie keine zehn Meter hoch sind, prägen sie die Silhouette Balàfias. Die Türme sollten es Piraten und Korsaren – in vergangenen Jahrhunderten eine stete Plage auf den Pityusen – erschweren, das Dorf zu plündern. Stellt man sich das antike Dorftor und die geschlossene Mauer vor, die den Ort früher beschützt haben, dann erscheint einem Balàfia fast wie die Renaissance-Festung von Ibiza-Stadt en miniature.

Aber so wehrhaft sich der Weiler auch zeigte, zwei so niedrige Türme konnten keinen Angreifer aufhalten, der es ernst meinte. Und so wurden die Bewohner trotz aller Schutzmaßnahmen Opfer von Raubzügen – die Türme ermöglichten es ihnen immerhin, den Feind rechtzeitig zu erspähen und sich aus dem Staub zu machen. Denn die Piraten entführten und versklavten die Einwohner. Eine Unart, der übrigens später auch ibizenkische Korsaren verfielen. Die letzte geraubte Leibeigene auf Ibiza soll erst im 19. Jahrhundert ihre Freiheit zurückgewonnen haben.

Adresse Carretera Sant Joan de Labritja, Balàfia, 07812 Sant Joan de Labritja | **Anfahrt** etwa auf halber Strecke zwischen Eivissa und Portinatx gelegen | **Tipp** Im Restaurante Balàfia sitzt man gemütlich auf einer großen Gartenterrasse. Das Lokal ist berühmt für seine Kartoffelgerichte (Tel. +34/971325019).

21 Die Graffiti-Bucht

Blaues Wasser und kunterbunte Sprayer-Bilder

In mehr als drei Jahrzehnten lassen sich eine Menge neuer Museen bauen und mit Kunst ausstatten. So ist es auch auf der großen Pityuseninsel geschehen, mit dem Unterschied, dass es sich bei den in der Cala d'en Serra ausgestellten Werken um Bilder von Sprayern und Installationen anonymer Künstler handelt, deren Schöpfungen nun eine Bauruine zieren.

Mehr als drei Jahrzehnte hatten die Hip-Hopper und Künstler Zeit, mit ihren Farbdosen Bilder aufs nackte Mauerwerk zu zaubern. Und so ist auf den Resten eines von den Behörden gestoppten Hotel-Schwarzbaus so viel Sehenswertes – vieles davon großformatig – entstanden, dass mit den Werken der Banksy-Jünger wahrlich eine Ausstellung gefüllt werden könnte.

Wer dieses Guerilla-Freilichtmuseum besichtigt, sollte jedoch Vorsicht walten lassen, denn es gibt Bodenunebenheiten, schroffe Mauerbruchstücke und Treppen ohne Geländer – kleine Kinder also besser nicht herumlaufen lassen, und von Kletterpartien ist ebenso abzuraten. Dagegen ist dieser coole Lost Place direkt oberhalb des Strandes der baumbestandenen Bucht gut dafür geeignet, die Phantasie zu beflügeln: Wütend faucht ein roter Tiger, eine überlebensgroße Nixe in Blau starrt wie eine Schlangenbeschwörerin, und ein gigantischer Hund mit Hipster-Sonnenbrille ruht zufrieden im Schatten.

Eine Stunde vergeht in der Graffiti-Bucht wie im Flug. Hinter jeder Ecke des verwinkelten Gemäuers warten neue Überraschungen: Mal ermöglicht ein Mauerdurchschlag den Zugang zu einer breiten Treppe, die in die Unterwelt des Kellers führt, mal tritt man durch ein kreisrundes Loch in einer Zimmerwand hinaus auf eine Aussichtsplattform, die wohl als Balkon einer Suite vorgesehen war. Wer genug gesehen hat, gelangt in ein paar Minuten zum knapp 50 Meter breiten Strand, der selbst im Sommer wenig besucht ist. Während der Saison verkauft eine kleine Strandbar Erfrischungen.

Adresse Camí Cala d'en Serra, 07810 Sant Joan de Labritja | Anfahrt am östlichen Ortsausgang von Sant Joan in die alte Asphaltstraße nach Portinatx (Carretera Vella de Portinatx) einbiegen, knapp 2 Kilometer später rechts in Camí Cala d'en Serra abzweigen, Fahrzeuge oberhalb der Bucht abstellen und die verbleibenden Meter auf einer staubigen und holprigen Piste am besten per pedes zurücklegen | Tipp Das Restaurante Boat House in der benachbarten Playa Sant Vicente serviert hervorragende Fischgerichte zu annehmbaren Preisen (Tel. +34/971320118, ganzjährig).

22 Der römische Landsitz

Lauschiger Rastplatz Ses Païsses

Alle kennen die Cala d'Hort als die Bucht mit dem vermeintlich besten Blick auf den Felsgiganten Es Vedrà. Doch kaum jemand weiß, das dieser schöne Flecken auch einen der exquisitesten Plätze für ein ländliches Picknick bietet: In Ses Païsses de Cala d'Hort stehen im Schatten prächtiger Johannisbrotbäume zwei große Tische mit gemütlichen Bänken. Begleitet vom Summen der Bienen und Hummeln und umringt vom saftigen Grün der Wiesen, schmeckt es hier doppelt so gut.

Ebenso gratis wie der Duft der üppig wachsenden Lavendelsträucher ist der Eintritt in das hübsche kleine Bauernmuseum Can Sorà, das hier angesiedelt und nur den wenigsten Besuchern Ibizas bekannt ist. Bougainvilleen verleihen den altern Mauern einen frischen Touch. Drinnen bekommt man einen guten Eindruck davon, wie mühsam das bäuerliche Leben in vergangenen Zeiten war, als es noch keine Traktoren oder Erntemaschinen gab.

Der Clou dieses geschichtlich so reichen Fleckens Ibizas ist nicht nur der urgemütliche Rastplatz. Die Reste eines großen römischen Landsitzes, die hier entdeckt wurden, sind ebenso eindrucksvoll. Die Fundstücke ließen es zu, die Grundrisse der im wahrsten Sinne des Wortes steinalten Gebäude wieder zusammenzusetzen. Und so können Besucher sehr gut erkennen, wie weitläufig das Anwesen ursprünglich gewesen sein muss. Das Faszinierendste an dem Ort ist die imposante Zisterne. Offenbar wurden die von den Römern bewirtschafteten Felder bereits um Christi Geburt mit einem ausgeklügelten System bewässert.

Wer sich nach Picknick und Sightseeing die Beine vertreten möchte, unternimmt einen Streifzug durch die Landschaft: Mastixsträucher, Rosmarin und Wacholder sind ständige Wegbegleiter. Wenn man sich an der Landschaft sattgesehen hat, kann man sich vor der Weiterfahrt für ein Nickerchen in den Schatten eines Baumes legen. Decke nicht vergessen!

Adresse Ses Païsses de Cala d'Hort, 07830 Sant Josep de sa Talaia | Anfahrt Rastplatz an der kleinen Landstraße von der Cala d'Hort nach Cala Vadella, dem Schild am rechten Straßenrand folgen | Tipp Wer einen stimmungsvollen Sonnenuntergang erleben möchte, sucht am frühen Abend den Strand von Cala d'Hort auf und sichert sich ein Plätzchen in der ersten Reihe.

23__Die bunten Schattenspender

Unter den schönsten Sonnenschirmen der Pityusen

Das Farbenspiel des Meeres wird in der Cala Nova noch übertroffen von überdimensionierten, bunt gemusterten Sonnenschirmen. Die Hingucker zieren die große Terrasse des Restaurante Aiyanna. Schließlich muss man sich als einer von sechs Gastrobetrieben in dieser Blau-in-Blau-Bucht etwas einfallen lassen, um aufzufallen. Und das ist den Schirmkünstlern des Aiyanna sehr gut gelungen.

Der optische Reiz von Mustern und Farben ist dabei nicht alles, denn Schattenspender von solchem Ausmaß wie hier haben – wissenschaftlich nachgewiesen – deutliche gesundheitliche Vorteile gegenüber dem ungeschützten Schmoren im Sonnenlicht: Große Schattenspender reduzieren die Sonneneinstrahlung um mehr als 90 Prozent. Und wer sich bei einer Außentemperatur von 30 Grad Celsius in ihrem Schutz niederlässt, verliert im Durchschnitt etwa 17 Prozent weniger Wasser, haben Wissenschaftler verschiedener Disziplinen herausgefunden.

Das Strandlokal hebt sich nicht nur äußerlich von den übrigen Wettbewerbern ab. Im Jahr 2017 gewann es den Preis als beste Restaurant-Neueröffnung auf Ibiza. Wobei der Pop-Art-Einfluss bei den Gerichten nicht ganz so augenfällig ist wie bei den Schattenspendern.

Für ein Erfrischungsgetränk empfiehlt sich die schattige Terrasse. Nur sollte, wer vom Strand kommt, darauf achten, dass er vorher für Liege und Sonnenschirm bezahlt hat. Denn seit 2016 ist es in Spanien nicht nur ethisch, sondern auch rechtlich bedenklich, Liegen und Schirme durch die Ablage von Strandequipment wie Handtüchern oder Büchern zu reservieren, auch dann, wenn dies die spätere Anmietung sicherstellen soll. Wer dem zuwider handelt, kann mit saftigen Bußgeldern bis zu 700 Euro bestraft werden. Eventuell wird auch die Strandausrüstung beschlagnahmt. Ob das angemessen ist, überlegt man sich am besten im Schatten bei einem erfrischenden Drink.

Adresse Playa de Cala Nova, 07850 Cala Nova, San Carles de Peralta, Tel, +34/971330456 | Anfahrt von Ibiza-Stadt auf der Hauptstraße entlang der Küste an Santa Eulària vorbei und dann nach rechts der Straße nach Cala Llenya folgen | Tipp Wem es in der Hochsaison in der Cala Nova zu voll wird, der weicht auf die deutlich weniger frequentierte Cala Boix zehn Autominuten entfernt aus. Baden kann man dort genauso schön, nur die Schirmkunst fehlt.

24 Die Frühstücksterrasse

Doping für Morgenmuffel im Hostal La Torre

So beginnt ein perfekter Tag: Eine große Terrasse, die grandiose Blicke aufs Meer gewährt. Serviert werden bester Kaffee in allen Varianten, eine gute Auswahl an Tees und frisch gepressten Säften sowie weitere Softdrinks. Gegen den morgendlichen Hunger verschreibt die Küche des Hostal La Torre so ziemlich die ganze Palette von Avocado bis Ziegenmilch-Joghurt. Das Beste an diesem Frühstücksrestaurant: Bei gutem Wetter sitzt man auf Ibizas schönster Terrasse. Sie liegt oberhalb einer Steilküste, die frische Brise gibt's gratis dazu, und wenn mal ein paar Tropfen vom Himmel fallen, ist das auch kein Problem, denn der riesige Außenbereich ist fast komplett überdacht.

Die Übernachtung im Hostal ist ein Kann, das Frühstück hingegen ein Muss. Nicht nur wegen der Qualität und des Blicks. Bei klarer Sicht vermischt sich das Meerblau am Horizont mit dem Blau des Himmels. Obendrein legen während der Saison auf der Terrasse häufig DJ's aufs, dann perlt Sound aus den Lautsprechern, der die Seele noch tiefer entspannen lässt. Wie praktisch, dass im Restaurant auch externe Gäste willkommen sind.

Wem nach dem ausgiebigen ersten Mahl des Tages nach Bewegung zumute ist, der kann an der Küste entlang in Richtung der markanten Landspitze Sa Caleta spazieren. Dort erblickt man das spektakuläre Cap Nunó, einen bewaldeten, rund 260 Meter hohen Berg, dessen meerseitige Flanke steil abfällt. Alternativ organisiert man sich vorab telefonisch im La Torre eine Tour auf einer Vespa: Drei Stunden tuckert man zu zweit oder in einer kleinen Gruppe durch das ländliche Ibiza, badet im Duft von Pinien, Rosmarin, Meerfenchel und Feigen. Helm, Benzin, Versicherung sowie zwei Stopps mit Getränken und kleinem Imbiss sind inklusive. Der italoiberische Spaß kostet 100 Euro pro Person und ist – zumindest war dies beim Eigentest der Fall – jeden Cent wert. Übrigens lässt sich im La Torre auch der Sundowner zelebrieren.

Adresse Cap Negret 25, 07820 Sant Antoni de Portmany, Tel. +34/971342271 | **Anfahrt** von Sant Antoni Richtung Norden fahren, am Kreisverkehr links nach Cala Gracío abbiegen, dann immer geradeaus bis zum Cap Negret | **Tipp** Wer anschließend ins Wasser springen möchte, geht oder fährt zur nahe gelegenen, landschaftlich sehr schönen Punta de Sa Galera.

25 Der Baluard de Santa Llúcia

Sonnengruß auf dem Bollwerk

Die imposante Stadtmauer der Oberstadt von Ibiza strotzt nur so vor Wehrhaftigkeit. Sieben Bollwerke, einst mit durchschlagkräftigen Kanonen bestückt, machten die Festung lange uneinnehmbar. Heutzutage dienen diese Bastionen freilich völlig anderen Zwecken – auf dem Baluard de Santa Llúcia etwa finden rauschende Raves statt. Früher drohte das Pulver- und Munitionsdepot unter dem Aussichtspunkt bei feindlichem Beschuss zu explodieren, nun sind es die Trommelfelle der Zuhörer, die fast bersten, weil die Bässe bei Konzerten nur so wummern. Die Kanonen ragen zwar noch zwischen den Zinnen des Baluard de Santa Llúcia hervor, doch ihr Donner ist verhallt.

Fast absolute Ruhe herrscht auf dieser Bastion kurz vor Sonnenaufgang. Von allen Bollwerken liegt sie am weitesten im Osten und ist daher ein besonders bezaubernder Ort, um den Sonnenaufgang zu genießen. Am besten bringen Besucher Getränke und ein wenig zu essen mit, denn nach dem mühsamen Aufstieg (vom Hafen sind es gut 20 Minuten) hat man sich eine Stärkung verdient. Wenn sich die leuchtende Scheibe über den Hügeln des Strandvororts Talamanca erhebt, bekommen selbst Überlebende der zur Neige gehenden Partynacht neue Energie. Die Aurora taucht das Hafenbecken in goldenes Licht, das Wasser schimmert und kündet auf der 1575 fertiggestellten Bastion vom heraufziehenden Tag.

Ursprünglich war die Bastion der heiligen Lucia nicht Teil der Wehranlage, sie wurde nachträglich ergänzt, und zwar vom Ingenieur Giovan Giacomo Paleari, genannt El Fratín. Dennoch ist sie die zweitgrößte der sieben Bastionen. Der zugehörige Pulverturm (El Polvorí) wurde mit so dicken Mauern versehen, dass er selbst dem stärksten Beschuss durch feindliche Schiffe standhielt. Den großen Rest der Stadtbefestigung plante der Baumeister Giovanni Battista Calvi (siehe Ort 27).

Adresse Ronda Narcis Puget, Dalt Vila, 07800 Ibiza | Anfahrt durch das Portal de ses Taules und dann links über den Carrer de sa Carrossa | Tipp Das ehemalige Munitionslager El Polvorí wurde zum Kulturcafé mit vielfältigem Programm umgebaut (täglich 10–13 und 17–20 Uhr).

26 Die Bougainvillea-Mauer

Wo die Mauern von Dalt Vila rot leuchten

Ein Spaziergang durch Dalt Vila steigert sich an ruhigen Tagen im Idealfall zu einem Erlebnis für alle Sinne. Bei so einem *paseo* stimmen Gerüche und Farben den Fußgänger fröhlich, und das Formenspiel der Gebäude lässt die Gedanken schnell in vergangene Zeiten abschweifen. Ocker, Braun und Weiß dominieren die Gassen, Fassaden und Dächer in der befestigten Oberstadt. Fast wohltuend, auf jeden Fall erfrischend holt einen das strahlende Rot der vereinzelt zu sehenden Bougainvilleen wieder ins Hier und Jetzt. Das prächtigste Exemplar dieses »subtropischen Wunderblumengewächses«, wie einschlägige Pflanzenlexika die im Mittelmeerraum weitverbreitete Kletterpflanze nennen, ziert eine Mauer im Carrer Conquista.

Die Bougainvillea wurde aus Brasilien in alle Welt exportiert. Die ursprünglich violett blühende Kletterpflanze, die nach Louis Antoine de Bougainville (1729–1811) benannt ist, wurde ein Exportschlager. Was für eine Ehre dem ersten französischen Weltumsegler damit erwiesen wurde, kann ermessen, wer die mit einem roten Blütenteppich drapierte Mauer in Dalt Vila betrachtet. Die Bougainvillea ist das Highlight der vielfarbigen Flora auf den Pityusen. Rot-gelbe Kaktusfeigen, sattgrüne Olivenbäume, Feigen, Thymian, Rosmarin und Lavendel – viele Pflanzen verführen durch ihre Schönheit oder ihren Duft. Doch die Bougainvillea ist der größte Augenschmeichler, der Farbtupfer, der die mediterrane Perle zu einem Juwel macht. Auf den Mauern einer *casa payesa*, eines Landhauses, findet man das Prachtstück eher selten, häufiger ziert es die kahlen Mauern von Neubauten in den Städten.

Im Carrer Conquista ist das anders: Das Gemäuer stammt aus der Zeit der katalanischen Rückeroberung, wenn nicht gar aus der *época árabe*, der maurischen Herrschaft, als die Emire und Kalifen von Granada und Denia die obersten, wenn auch fernen Herren der Pityusen waren.

Adresse Carrer de Sant Josep, Dalt Vila, 07800 Ibiza | Anfahrt über den Carrer Mayor, zweigt von der Plaça de la Catedral ab | Tipp Den Sinnesrausch kann man mit einem guten Essen im Restaurante El Olivo an der Plaça de la Vila abrunden (Tel. +34/971300680).

27 Der Camino Calvi

Spaziergang mit Weitblick

Die massive Verteidigungsanlage von Ibiza-Stadt mit ihren sieben Bastionen, ihren Stadttoren und der Zitadelle ist ein weithin sichtbares Meisterwerk der Renaissance. Sie umfasst Reste phönizischer, römischer wie arabischer Siedlungen und wurde in jahrzehntelanger Arbeit von Tausenden Sklaven und Arbeitern erbaut.

Die Pläne für den kolossalen Verteidigungsring entwarfen der geniale Architekt Giovanni Battista Calvi sowie dessen Partner Jacobo Paleazzo. Letzterer passte das Großprojekt 1575 nach Calvis Tod neuen Erfordernissen an. 30 Jahre dauerte es, bis die Stadtmauer vollendet war – damals ein halbes Menschenleben. Doch gut Ding braucht nun mal Weile. Schließlich ist es dem nach wie vor intakten Befestigungsring maßgeblich zu verdanken, dass Eivissa 1999 in das Weltkulturerbe der UNESCO aufgenommen wurde.

Baumeister Calvi war auch auf den anderen Baleareninseln und auf dem spanischen Festland ein gefragter Mann, doch nirgends hat er so eindrucksvolle Spuren hinterlassen wie auf Ibiza. Wer auf diesen Spuren entlang der Außenmauer von Dalt Vila wandeln möchte, betritt die Oberstadt am besten durch das Portal de ses Taules, folgt dann gleich links der Ronda de Narcis Puget Vinas, die nach der Bastion von Santa Llucía in die Ronda de Fratín mündet. Der Weg ist leicht zu finden, weil er immer nahe der imposanten Mauer entlangführt. Nur nach der Bastion von Santa Tecla geht es scharf rechts durch einen Tunnel hinauf zur Kathedrale und von dort über den Carrer de Universidad wieder zurück zur äußeren Festungsmauer, die nun ständiger Wegbegleiter bleibt.

Besonders lohnenswerte Ausblicke bieten auch die Bastionen (Baluardes) von Sant Bernat und Sant Jordi – sie geben den Blick auf den Stadtteil Puig des Molins mit einigen alten Windmühlen frei, und in der Ferne sind Formentera und das zwischen Ibiza und Formentera gelegene Inselchen S'Espalmador zu sehen.

Adresse Startpunkt am Portal de ses Taules, La Marina, 07800 Ibiza | Anfahrt Oberstadt von Eivissa nur für Fußgänger zugänglich, Parkplatz direkt an der Stadtmauer vor dem Portal Nou | Tipp Im Inneren des Baluard de Sant Pere sind interessante Videoprojektionen zu sehen.

28 Camus' Carrer Andenes

Wo der französische Autor Singsang hörte

Auf Ibiza schrieb Albert Camus große Teile der Essaysammlung »Licht und Schatten«. Inspiration holte er sich bei Spaziergängen entlang der Hafenpromenade, dem Carrer Andenes. Jahre später hat der Autor und Philosoph (1913–1960) den Literaturnobelpreis verliehen bekommen. Anlässlich der Preisverleihung 1957 in Stockholm erinnerte sich Camus an den Aufenthalt auf der Insel, wo er zwischen 1935 und 1936 mehrere Monate verbrachte und den freien Geist Eivissas atmete. Obwohl er sich der mangelnden Reife seiner frühen Texte bewusst war, blickte er doch auf eine glückliche Zeit zurück – und auf Essays, die den Kern seines späteren Schaffens bereits enthielten.

Camus schreibt in dem Text »Liebe und Leben«: »Es gibt eine gewisse Ungezwungenheit in der Freude, die ein Kennzeichen der wahren Kultur bildet. Und die Spanier sind eines der wenigen Völker Europas, die Kultur besitzen.« Aus diesen Zeilen spricht Lebensfreude, was nicht verwundert, denn Albert Camus war mit seiner Geliebten Jean Grenier nach Ibiza gekommen und verlebte hier vergnügliche Tage mit ihr.

Als Einstimmung für Streifzüge durch Ibiza-Stadt und die ländlichen Gebiete der Insel sei die Lektüre von »Licht und Schatten« empfohlen. Man schlendere die Hafenpromenade entlang oder setze sich in eine der Bars und achte darauf, ob man – obwohl inzwischen gut 80 Jahre verstrichen sind – nicht Ähnliches wie der große Schriftsteller fühlt. Auf der Insel fand er Ruhe und Ausgeglichenheit: »In Ibiza setzte ich mich jeden Abend in die Cafés, die den Hafen säumten. [...] Ich trank süße Mandelmilch; ich betrachtete die geschwungene Linie der gegenüberliegenden Hügel. Sanft fielen sie ins Meer ab. Der Abend wurde grün. Auf der höchsten Kuppe drehte der letzte Windhauch die Flügel einer Mühle. Und wie ein natürliches Wunder senkten alle Menschen die Stimme, sodass nur noch der Himmel da war und der Singsang der Worte ...«

Adresse La Marina, 07800 Ibiza | Anfahrt Beginn der Hafenpromenade an der Kreuzung Avinguda de Santa Eulària und Avinguda Bartomeu de Rosselló | Tipp Die Bar Can Pou, von der aus sich das Geschehen auf dem nahen Carrer Andenes beobachten lässt, ist einen Besuch wert (Carrer Lluis Tur i Palau 19, Tel. +34/9713108).

29 Das Can Ventosa

Bühne für Lokalmatadoren und Humor

Der Schnapsgeruch hat sich verflüchtigt, und so lassen sich heute im Can Ventosa ungestört Kulturabende verbringen. In der ehemaligen Fabrik, in der Schnapsmacher aus den Blättern des Johannisbrotbaums Alkohol destillierten und später Arbeiterinnen Textilien nähten, hat sich eine Kulturinstitution ersten Ranges etabliert. Wo einst Frauen und Männer in stickiger Luft malochten, werden nun Tanz, Theater, Konzerte und Zirkusshows dargeboten. Zu den Glanzlichtern des Programms gehört das »Festival del Humor« alljährlich im November. Meist stammen die Künstler vom spanischen Festland oder den Balearen, sodass Lokalkolorit garantiert ist. Daneben steht Besuchern die Bibliothek offen – wer Spanisch oder gar Katalanisch spricht, wird dort interessanten Lesestoff finden.

Dass die Stadtoberen ausgerechnet die ehemalige Fabrik als Zentrum zur Förderung einer zeitgemäßen Kultur auserkoren, ergibt Sinn. Denn als hier 1953 die Arbeiterinnen streikten, um gegen unzumutbare Bedingungen und verspätet ausbezahlte Löhne zu protestieren, war dies ein großer Schritt im Kampf um Arbeitnehmer- und Frauenrechte. Die Arbeitsumstände verbesserten sich zwar nicht merklich, aber wenig später musste die Fabrik ohnehin ihre Tore schließen. Es darf gemutmaßt werden, dass die couragierten Frauen anderweitig bessere Bezahlung und Bedingungen vorfanden. Die großen Touristenströme waren damals freilich noch fern, denn erst fünf Jahre nach dem Streik wurde mit dem Bau des ersten Verkehrsflughafens auf Ibiza begonnen.

Das Gebäude wurde ursprünglich im Stil des Modernisme, der spanischen Spielart des Jugendstils, errichtet. Aufgrund diverser Umbauten gleicht das Kulturzentrum der damaligen Fabrik nicht exakt. Mag dadurch auch der architektonische Wert des Gebäudes gesunken sein, so ist es doch ein echter Fortschritt, dass nun Kultur präsentiert wird, wo früher von Frauen und Männern monotone Fließbandarbeit verrichtet wurde.

Adresse Avinguda d'Ignasi Wallis 26, 07800 Ibiza, Tel. +34/971310111 | Anfahrt Zufahrt entweder über die Avinguda d'Espanya oder die Avinguda de Bartomeu Rosselló | Öffnungszeiten ganzjährig; Beginn je nach Programm, meist am frühen Abend, Infos siehe Tagespresse oder www.diariodeibiza.es | Tipp Stilvoll shoppen als Kontrastprogramm zur Kultur kann man bei Mayurka-Mode keine 100 Meter weiter in derselben Straße (Hausnummer 11).

30 Die Casa Broner

Schmuckstück aus Stein, Wasser und Licht

Die 1960 vollendete Casa Broner zählt zu jenen Schönheiten Ibizas, die sich vielen erst auf den zweiten Blick erschließen. Jedoch ist dieser zweite Blick unabdingbar, um den Reiz vieler Bauten auf den Balearen zu verstehen. Im einst bettelarmen Fischerviertel Sa Penya gelegen, lockt das Wohnhaus des deutsch-amerikanischen Malers und Architekten Erwin Broner nicht viele Besucher an – und das ist schade, denn das Haus ist ein Lebenstraum in Stein.

Broner kehrte seiner Heimat München bereits Anfang der 1930er Jahre den Rücken, als die Nazis immer mehr Zulauf bekamen. Als sich im Laufe des Jahres 1935 Francos Sieg abzeichnete, verließ Broner Ibiza Richtung USA. In den 1950er Jahren kam er zurück. Bald zogen er und seine Frau Gisela in das von ihm um- und ausgebaute Haus in Sa Penya, das nun als Museum dient. Durch die Fenster der ersten Etage grüßt das Meer, dessen Funkeln in den Räumen allgegenwärtig ist. Den Arbeitsraum im Parterre hat Broner anders gestaltet – hier sind die Fenster eher Schlitze, sodass es sich an dem hölzernen Schreibtisch auch bei Sommerhitze angenehm arbeiten ließ. Die Möbel soll der kreative Kopf fast alle selbst gefertigt haben. Broner starb 1971, seine Frau lebte bis zu ihrem Tod 2005 in dem Haus auf Ibiza.

Der Architekt wählte Sa Penya damals bewusst, denn dort waren Häuser noch billig. Längst ist auch dieser Stadtteil gentrifiziert, doch bis in die Gegenwart führen in den oberen Teilen Sa Penyas und Sotos Sinti und Roma und Geflüchtete ein armseliges Dasein.

Der polyglotte Baumeister hat sich um die Architektur auf den Balearen verdient gemacht, unter anderem errichtete er für viele alteingesessene Ibizenker Häuser. Nach Ende des Zweiten Weltkriegs soll er sogar für einige Ex-Nazis gearbeitet haben. Er, der einst Verfolgte, baute den ehemaligen braunen Überzeugungstätern neue Domizile. Offenbar war Erwin Broner ein Mensch, der vergeben konnte.

Adresse Carreró de Sa Penya 15, Sa Penya, 07800 Ibiza, Tel. +34/971399232, www.eivissa.es | Anfahrt nur zu Fuß zu erreichen; über den Carrer de la Mare de Déu (auch CarrerVirgen), Treppe von dessen mittlerem Abschnitt den Hügel hinaufgehen, ausgeschildert | Öffnungszeiten Di–Fr 10–16.30 Uhr sowie Sa, So 10–14 Uhr; Eintritt frei | Tipp Das Restaurante Thai'd up an der nahen Plaça del Riba 11 bietet hervorragende asiatische Küche – idealerweise lässt man sich nach einem Besuch von Broners lichtem Bauwerk an einem der Tische draußen nieder.

31 Die Casa Vedova

Das Haus des italienischen Ausnahmekünstlers

Emilio Vedova zählt zu den großen Malern des Informel. Seine abstrakten Bilder bestechen durch eher ungewöhnliche Formen, die er mit grober Pinselführung auf die Leinwand brachte - und das in einer farblichen Vielfalt, die auf Kontraste setzt, die auf den ersten Blick irritieren und gleichzeitig neugierig machen. Die Beurteilung von Gemälden ist natürlich Geschmackssache, aber bei einem Künstler, der mehrmals auf der Biennale in Venedig ausstellen durfte und auch in Kassel auf der documenta ein gefragter Mann war, gibt es wohl so eine Art Qualitätsgarantie.

Der Italiener (1919–2006) lebte und arbeitete eine Zeit lang hoch oben in Dalt Vila. Das in Weiß erstrahlende Gebäude ist von außen unspektakulär, doch hinter seinen Mauern entstand Spektakuläres. Nach dem Tod des Malers ergriff die Familie die Initiative, gründete eine Stiftung und machte Emilios Haus und Atelier zum Verwaltungssitz. Vedovas Werke sind in den bedeutendsten Museen der Welt zu sehen, unter anderem in New York, Rom und Zürich – oder eben auf Ibiza, wo im Museum für Zeitgenössische Kunst, nicht weit von seinem ehemaligen Wohnhaus entfernt, einige seiner Werke an prominenter Stelle gezeigt werden.

Vedova wusste wohl, warum er Ibizas Oberstadt zeitweise als Wohn- und Schaffensort wählte. Schließlich wurde ganz in der Nähe seines Hauses die renommierte »Grupo Ibiza 59« gegründet, deren programmatische Kunst zunächst im Foyer des früheren Hotels El Corsario präsentiert wurde.

Zu den Gründern und Mitgliedern gehörten der US-Amerikaner Bob Munford sowie die Deutschen Hans Laabs, Katja Meirowsky und Eduard Micus. Emilio Vedova war der Gruppe sehr verbunden, denn die Vereinigung verstand sich als offenes Forum und stellte auch Werke anderer Künstler aus. Darunter Vedova sowie die Spanier Joan Miró, Antoni Tàpies und Carlos Saura, der neben seiner Arbeit als Regisseur auch malte und fotografierte.

Adresse Carrer Pere Tur 6, Dalt Vila, 07800 Ibiza | Anfahrt zweigt von der Plaça d'Espanya ab, Parkplatz direkt an der Stadtmauer vor dem Portal Nou | Tipp Das nahe Hotel Mirador de Dalt Vila ist ein Fünfsterner mit gut bestückter Bar.

32 Das Centre Madina Yabisa

Das reiche arabische Erbe der Pityusen

Dieses kleine Museum lässt eine Epoche wiederauferstehen. Hier wird die arabische Herrschaft anschaulich und historisch fundiert erläutert. Die »época árabe« war eine Zeit, in der Ibiza wie die anderen Baleareninseln aufblühte. Dass dieses noch recht junge Informationszentrum ausgerechnet in der ehemaligen Casa de la Curia, dem Sitz der Kurie auf der Insel, eine Heimstatt gefunden hat, mag wie Ironie des Schicksals anmuten. Denn nach der Vertreibung der letzten arabischen Herrscherdynastien gaben sich die Katalanen zunächst alle Mühe, die Spuren der einstigen Rivalen zu verwischen.

Die Räume des Kulturzentrums selbst waren früher Teil der maurischen Befestigung, und wo sich heute die Kathedrale Santa María de les Neus erhebt, wenige Meter vom Infozentrum entfernt, stand vor Jahrhunderten die Almudaina, die Verwaltung der arabischen Machthaber. Die Kathedrale wie weite Teile der Renaissance-Stadtmauer fußen auf den Fundamenten der maurischen Festung. Das Kulturzentrum holt diese so wichtige Zeit in die Gegenwart: Filme, Fotografien, archäologische Fundstücke und sehr anschauliche Texte verdeutlichen, wie die Stadt in längst vergangenen Jahrhunderten aussah – immerhin 500 Jahre währte die arabische Epoche. Anfangs tolerant gegenüber Andersgläubigen, radikalisierte sich das Herrschaftsgebaren unter den letzten beiden Dynastien, den Almohaden und Almoraviden, kriegerischen Berberstämmen.

Krönender Abschluss des Besuchs im Centre d'Interprectació Madina Yabisa: ein Modell von Yabisa (Ibiza-Stadt), das zeigt, dass die Stadt unter den Mauren immer prächtiger und schließlich von den katalanischen Eroberern radikal umgestaltet wurde. Allein die engen Gassen der oberen Altstadt, deren Verlauf einst von arabischen Planern erdacht wurde und wo kein Auto durchkommt, führt vor Augen, wie anders und aus heutiger Sicht exotisch die Madina Yabisa war.

Adresse Carrer Mayor 2, 07800 Ibiza | **Anfahrt** Museum wenige Meter vom Vorplatz der Kathedrale entfernt | **Öffnungszeiten** April–15. Okt. Di–Sa 10–14 und 17–20 Uhr (Juli und Aug. bis 21 Uhr), So 10–14 Uhr, 16. Okt.–März Di–Fr 10–15 Uhr, Sa, So 10–12 Uhr | **Tipp** Das archäologische Museum nebenan zeigt Exponate aus allen Epochen.

33 Clifford Irvings Montesol

Hier hielt ein Fälscher Hof

Edith Sommer war eine betagte Dame, die als Malerin ein beschauliches Dasein in der Nähe von Ibiza-Stadt führte. Lange Jahre hatte sie in einem Anwesen namens Cas Formenterer gewohnt, das es noch immer gibt. Die Schweizer Staatsbürgerin scheute die Öffentlichkeit und zog es trotz wiederholter Interview-Anfragen vor zu schweigen. Das ist zu akzeptieren, doch ändert es nichts am Tun ihres Ex-Gatten Clifford Irving. Der ersann auf einer Schreibmaschine im Cas Formenterer und im Café Montesol ein Märchen, das ihn ins Gefängnis brachte.

Da Sommer inzwischen leider das Zeitliche segnete, muss diese Geschichte ohne ihre Sicht der Dinge erzählt werden. Es geht um eine »Biografie« des US-Medientycoons Howard Hughes, die Irving einem Verlag verkauft hatte, der sie auf den Buchmarkt brachte – wenn auch nur für kurze Dauer, denn Hughes dementierte umgehend, einer Biografie jemals zugestimmt zu haben. Das Skurrile: Der Milliardär war als scheuer Spinner verschrien, und so fanden sein Dementi und die Forderung der Nicht-Veröffentlichung zunächst kein Gehör. Doch potente Anwälte sorgten schließlich dafür, dass das Buch eingestampft wurde. Irving musste sich wegen Fälschung vor Gericht verantworten.

Die Ehe zwischen Sommer und Irving hielt dann nicht mehr lange. Wer lebt schon gern mit einem Betrüger und Lügner zusammen? Fast wie ein Treppenwitz mutet es an, dass Irving ein weiteres Buch veröffentlichte, das bis in die Gegenwart Bestand hat. Titel: »Gefälscht« – die Geschichte des Kunstfälschers Elmyr de Hory (siehe Ort 77), der nichts gegen Irvings Werk einzuwenden hatte. Doch Irving nutzte das wenig, er musste Spanien verlassen und kam ins Gefängnis. Heute lebt er ruhiger in den USA. Wer seinen Spuren folgen will, schaut sich das ehemalige Café Montesol auf dem Vara del Rey in Ibiza-Stadt an, wo der Skandalautor gern Hof hielt und bisweilen auch schrieb.

Adresse ehemaliges Café Montesol, Vara del Rey 2, Sa Capelleta, 07800 Ibiza | Anfahrt am besten rund um den Passeig Vara de Rey parken | Tipp Das Café Mar y Sol, auch ein Klassiker, liegt gleich gegenüber dem 2015 geschlossenen Montesol. Auf der schönen Terrasse kann man verweilen und das bunte Treiben im Hafenviertel beobachten.

34 Das Denkmal für Vara de Rey

Ein Boulevard für den Kuba-Helden

Das Denkmal für den Kriegshelden Joaquín Vara de Rey muss angesichts der herben Niederlage, die der Spanier auf Kuba gegen die USA und kubanische Truppen kassierte, als eindeutig überdimensioniert eingestuft werden. Doch der Boulevard, dessen Mitte dieses Denkmal ziert, ist ein städtebaulicher Glücksgriff. Als zentraler Platz der Stadterweiterung Anfang des 20. Jahrhunderts konzipiert, avancierte der Passeig Vara de Rey zur Flaniermeile der Ibicencos, die sich um die Statue heutzutage wenig scheren; sie erfreuen sich eher an den Cafés und an den Bänken unter den Schatten spendenden Bäumen.

Den Passeig weihte König Alfonso XIII. anno 1904 höchstpersönlich ein. Zu diesem Zeitpunkt sah Vara de Rey, geboren 1840, die Radieschen bereits seit sechs Jahren von unten wachsen. Der General war 1898 im Kampf auf Kuba gefallen. De Reys Truppen hatten die entscheidende Schlacht von El Caney nicht gewinnen können. Doch der Mut des Generals wurde vom König posthum honoriert – immerhin war Kuba als letzte verbliebene Kolonie lange ein Trostpflaster für die fallende Weltmacht Spanien gewesen, die zuvor fast ganz Südamerika beherrscht hatte.

Die Schmach über den Verlust der Vormachtstellung sitzt tief – wie kein Zweiter hat dies der niederländische Schriftsteller Cees Nooteboom auf den Punkt gebracht: Spanien habe die Welt beherrscht und nichts daraus gemacht. Doch Spanien liebt seine Helden aus dieser Zeit, was sich am Fall Vara de Reys exemplarisch zeigt. Sein Denkmal wurde nach dem Niedergang in Zeiten knapper Kassen errichtet – es konnte nur finanziert werden, weil die Bevölkerung große Summen spendete. Auch wenn diese Form der Kriegshelden-Verehrung aus moderner Sicht unzeitgemäß ist, so kommt sie doch den Flaneuren aus nah und fern zugute, die den Boulevard heutzutage entlangschlendern.

Adresse Passeig Vara de Rey, Sa Capelleta, 07800 Ibiza | **Anfahrt** Boulevard direkt unterhalb der Stadtmauer | **Tipp** Rund um den Platz mit dem Denkmal finden sich einige Modegeschäfte. Besonders schrill zeigt sich der Laden DC 10 (Passeig Vara de Rey 9) an der westlichen Ecke.

35 Das DJ-Pult

Der gefragteste Arbeitsort für Discjockeys

Auf Ibiza wurde vor mehr als 30 Jahren ein Kapitel Musikgeschichte geschrieben, denn damals entstand auf der Insel eine neue Club- und Musikkultur: der Balearen-Beat, eine Musik wie Gin Tonic – treibend und wachhaltend. DJs aus aller Welt schufen einen neuartigen Sound. Die Rezeptur: House-Rhythmus, dazu Afro- und Latin-Beats, Refrains aus Hits gewürzt mit Einblendungen von Reden oder Gedichten berühmter Personen.

Von Beginn an gehörte das Pacha zu den begehrtesten Spielorten des Balearen-Beats. Und die Insel wurde ein Job-Paradies für Einpeitscher an den Plattentellern – mit Traumgagen für die Stars der Szene. Einmal an einem DJ-Pult im Pacha auflegen, das juckt nach wie vor viele in der Branche.

Bei den DJ-Awards, einer Art inoffizieller Weltmeisterschaft der Discjockeys, kürt das Publikum alljährlich die Protagonisten des Party-Sommers. Fast zwei Jahrzehnte lang wurden die Champions am Plattenteller im Pacha ermittelt, 2017 zog der Wettbewerb schließlich in andere Clubs der Insel um, auf der es mehr Mega-Discos gibt als Gemeinden.

Die Zeiten im DJ-Business haben sich ohnehin geändert. Ja, es gibt sie noch, die Top 100 der global gefragten Stars, heute Ibiza, übermorgen London, dann weiter nach New York. Aber es existiert eine Gegenbewegung, der Innovation und Intellekt wichtiger ist als Kult und Werbung. Viele DJanes und DJs zählen dazu, wie der Australier Jeremy, der exemplarisch ist für diese Graswurzelbewegung. Locker tanzt er zu seinem Sound hinterm Pult, er geht es ruhiger an als die Promis der Branche. Jeremy bringt Bewegung in die Menge, und verlangt eine im Vergleich zu Stars lächerlich niedrige Gage. Kein massentauglicher, aber ein cooler Typ, der auch das Pacha zum Tanzen bringen könnte. Wer weiß: Es ist nicht unwahrscheinlich, dass die Awards in ihren Heimatclub zurückkehren. Der hat bis dato noch jeder Krise getrotzt.

Adresse Pacha, Avinguda 8 d'Agost, 07800 Ibiza, www.djawards.com | Anfahrt der Avinguda de Santa Eulària folgen und im 1. Kreisel rechts in die Avinguda 8 d'Agost abbiegen | Tipp Tanzen unterm Sternenhimmel kann man am schönsten im Open-Air-Club Cova Santa, der unweit der Gemeinde Sant Josep spektakulär vor einer großen Höhle liegt. In ihr beteten vor langer Zeit Mönche, heute wartet dort eine Weinbar auf Gäste.

36 Das Ebusus

Keimzelle moderner Kunst und Frühstücksparadies

Das Ebusus ist zugleich eine Institution und ein Verwandlungskünstler. Gegründet als Café eines Kulturvereins, machte es lange einen etwas angestaubten, wenn auch liebenswerten Eindruck. Neben den Socíos, den Mitgliedern, hatten schon immer auch Externe Zutritt zu den erstklassig gelegenen Räumlichkeiten am Passeig Vara de Rey. 2015 bekam die Location eine moderne Einrichtung, aufgelockert durch abstrakte Gemälde an den Wänden – ein Interimsdasein, das jüngst endete. Nun firmiert sie als todschickes Restaurant. Und als beste Adresse fürs Frühstück am Fuße der Altstadt Dalt Vila.

Besonders lohnenswert ist der große Außenbereich, der in einer ruhigen Fußgängerzone liegt. Dort kann man im Schatten ab 8 Uhr einen Café con leche genießen, eine halbe Stunde später fangen die Bedienungen an, ein gutes und günstiges Frühstück zu servieren. Allerlei knusprige belegte Toasts, Croissants, frische Säfte oder das typische spanische Röstbrot mit Olivenöl (Tostada con aceite) lassen einen geschmeidig in den Tag gleiten.

Bedauerlich, dass die Abendkarte sehr viel teurer ist und die Inneneinrichtung ohne die Kunstwerke auskommen muss, die hier jahrelang ausgestellt waren. Zu Zeiten der legendären »Grupo Ibiza 59«, einer einflussreichen Künstlergruppe aus den 1960er Jahren, wurde während der Franco-Diktatur in Spanien (1939–1975) im Ebusus sogar provokante moderne Kunst gezeigt. Der Despot mochte die Insel wegen ihrer Schönheit, vielleicht tolerierte er deshalb, dass Freiheitsliebende auf Ibiza nach Entfaltung suchten, wenn sie nicht zu weit gingen.

Schade, dass die Macher des neuen Ebusus diesen Aspekt nicht würdigen. Immerhin ist das Gründungsdatum des Vereins Ebusus Sociedad Cultural 1927. Eines der Ziele damals war es, ein Zeichen gegen die geistige Starrheit der ersten spanischen Diktatur unter Miguel Primo de Rivera (1923–1930) zu setzen.

Adresse Passeig Vara de Rey 20, Sa Capelleta, 07800 Ibiza, Tel. +34/971853418 | **Anfahrt** Passeig Vara de Rey direkt unterhalb der Stadtmauer | **Öffnungszeiten** täglich 8–2 Uhr, Frühstück bis 12.30 Uhr | **Tipp** Gestärkt durchs Morgenmahl im Ebusus, bietet sich ein Spaziergang durch Dalt Vila an, zum Beispiel den Altstadtberg hinauf zur Kathedrale (siehe Ort 75).

37 Der Enten-Verleih

Hippie yeah – urlauben wie die einstigen Aussteiger

Michael trägt wallendes Haar, ein Batikhemd über der Flatterhose, und wenn er lacht, strahlen seine Zähne in makellosem Weiß. Er ist über 60 und einer der Letzten seiner Art, ein echter Hippie und damit ein Relikt, denn das Hippietum ist zum Forschungsgegenstand und zum Geschäftsturbo für Fahrzeugverleiher und Klamottenhändler mutiert. Nur noch selten findet es sich als Lebenshaltung wie bei Michael.

Zunächst stuften die Ibizenker die Freaks aus Europa und Nordamerika als seltsame Fremde ein, nannten sie »die Haarigen«. Doch bald erkannten die Insulaner die neuen Besucher als zahlungsfähige und meist friedfertige Kunden. Der Hippie legte eine freizügige Haltung an den Tag, Konformismus war sein Feind. Er führte ein Leben fernab gesellschaftlicher Zwänge. Auch Michael handhabte das so. Er stammt aus Norddeutschland, sagte Tschüss, um auf den Pityusen ein Leben frei von Verpflichtungen zu führen, dennoch verbrachte er fast jeden Abend im Pacha: Frauen, Alkohol, Marihuana, Koks – alles nicht ganz billig. Irgendwann zogen zwielichtige Geschäftspartner dem Hanseaten auch noch die letzte Peseta aus dem Geldbeutel. Schließlich war er mittellos, verlor sein Haus, schlief in Fischerhütten, später im Zelt, das er gern in den Wäldern Nord-Ibizas aufschlug, weil dort berauschende Pilze sprießen. Inzwischen hat er zumindest wieder ein festes Dach über dem Kopf und erkundet mit seinem Trekkingbike Radrouten.

Viele aus der Flower-Power-Generation vermarkten heute sich und ihre Waren, Zeichnungen, Hippie-Klamotten, Schmuck, denn Hippie-auf-Zeit-Utensilien verkaufen sich prächtig. Wer will, kann in einer gemieteten bunten Ente oder einem Renault 4 über die Insel düsen oder sich in der zauberhaften Boutique »Angels Ibiza« in Santa Gertrudis mit Klamotten eindecken und dem Gefühl von damals nachspüren. So authentisch wie Michael wird man dadurch aber noch lange nicht.

Adresse Verleihfirma Ducks United, 07812 Sant Llorenç de Balàfia, Tel. +31/624471375, www.ducksunited.com | **Anfahrt** Enten-Verleih am Flughafen | **Öffnungszeiten** Mo–Sa 9–17 Uhr | **Tipp** Übernachtungen in ausrangierten Caravans können über private Zimmervermietung wie Airbnb oder Vrbo gebucht werden.

38 Ernestos Hafenbars

Im Viertel von Ernesto Ehrenfeld

Mitte der 1950er Jahre zog Ernesto Ehrenfeld nach Ibiza. Der kunstsinnige Deutsche kam lange vor den vielen Aussteigern, die man später pauschal in die Hippie-Schublade steckte, und lange vor den ersten Pauschaltouristen. Das Außergewöhnliche an diesem Mann war jedoch, dass er nach Ibiza reiste, um in Ruhe Gedichte und Prosa zu schreiben. Bevor er sich ans Werk machte, pflegte er die Cafés in La Marina zu besuchen, wo er die Zeitungen las und sich mit Einheimischen unterhielt. Denn Ehrenfeld fühlte dem Zeitgeist den Puls, das war ihm wichtig. Einige der Bars und Cafés des Carrer del Mar zählten zu seinen Stammlokalen.

Auch wenn Ehrenfeld später als Kunsthändler erfolgreich wurde, so war er doch in erster Linie Schriftsteller. Und für ihn war Ibiza ein guter Ort zum Schreiben. Anders als für seinen weitaus berühmteren Kollegen Cees Nooteboom, der Ibiza Jahre später entdeckte, dort an seinem Buch »Nachts schlafen die Füchse« arbeitete und meinte: »Ibiza ist ein guter Ort zum Malen, aber nicht zum Schreiben.«

Anders als Nooteboom erlebte Ehrenfeld in den damals noch an einer Hand abzählbaren Bars des Hafenviertels La Marina ein ursprünglicheres Inselleben. In einem seiner Texte erinnerte er sich: »Man fühlte sich als gern gesehener Gast und wurde freundlich aufgenommen.«

Früh hat Ehrenfeld die Slogans der Tourismusindustrie für die Pityusen entlarvt. Ibiza sei »Freiwild für fremde Gelüste: Inselschicksal«. Treffender kann man es nicht formulieren – und dieser Satz, zu Papier gebracht 1976, fasst auch das Ibiza zu Beginn des dritten Jahrtausends schlüssig und griffig in fünf Worte. Trotz dieses nüchternen und skeptischen Blicks: Ernesto Ehrenfeld hat Ibiza bis zu seinem Tode innig geliebt. Er brachte einen wesentlichen Teil seines Vermögens in eine Stiftung für mittellose Familien ein, damit sie ihren Kindern eine Ausbildung finanzieren können. Diese Stiftung ist bis heute aktiv.

Adresse Straßenzüge direkt hinter der Avinguda Andenes, zum Beispiel Carrer del Mar 16, La Marina, 07800 Ibiza | **Anfahrt** Ausgangspunkt: Plaça Antoni Riquer | **Öffnungszeiten** Bars und Cafés während der Saison ab frühmorgens geöffnet | **Tipp** Bunter Kontrast zum Cafébesuch à la Ehrenfeld ist eine Show im Lio, das ebenfalls in La Marina ist und zur Pacha-Gruppe gehört – ein betörender Mix aus Burlesque, Zirkus, Varieté und Tanz.

39 Es Xiringuito Figueretas

Partylaune in der Strandhütte

An den Stränden der spanischsprachigen Welt existiert eine besondere Gattung von Lokal: das *chiringuito*, der *kiosco* oder – wenn ein deutscher Begriff bemüht werden soll – die Strandbar. Bei den meisten dieser Etablissements wäre es übertrieben, von einem Restaurant zu sprechen, zu einfach ist die Möblierung, zu dünn das Angebot an Speisen und Getränken. Häufig handelt es sich lediglich um eine Holzbude mit Kühlschrank, Musik und einem Elektrogrill. Und dennoch sind es häufig die »Chiris«, die aus einem schönen Tag am Meer ein unvergessliches Highlight machen.

Das »Es Xiringuito« in Figueretas ist so ein Ort. Es ist die einzige Strandbar in diesem Stadtteil zwischen Dalt Vila und Platja d'en Bossa, und abends läuft dieses Chiri zur Hochform auf. Gute Stimmung, eine breite Musikauswahl und ein Reigen feiner Cocktails machen den Reiz aus – zu essen gibt's lediglich Nüsse oder Chips. In lauen Nächten ist diese Perle am Südende der langen Platja den stickigen Großdiskotheken vorzuziehen. Mit Frischluft in den Nasenlöchern tanzt sich's nämlich angenehmer. Unter dem Dach hoher Palmen relaxen die Gäste in Liegen, Stühlen und an kleinen Tischen, wo die Drinks geparkt werden können. Die größte Fläche in dem Strandetablissement nimmt die Bar ein, hinter der eine halbe Fußballelf werkelt.

Eine überdachte Solokabine bietet dem Discjockey Schutz vor Regen und Horden nerviger Musikwunsch-Überbringer. Seitlich des DJ-Podiums wird auf einer kleinen Bühne Livemusik gespielt, die hier als Weltmusik verstanden wird. Das Chiringuito, das vom Strand lediglich durch einen niedrigen Zaun abgetrennt ist, ist lebendiger Teil des Strands und der Promenade von Figueretas. Auf eine »harte Tür« wie in den Industrie-Clubs, an der erst mal ein kleines Vermögen für den Eintritt fällig ist, verzichten die Macher. Das gesparte Geld können Nachtschwärmer also getrost in die gekonnt gemixten Cocktails investieren.

Adresse Platja de Figueretas, Carrer Tarragona, 07800 Ibiza, www.esxiringuitoibiza.com | **Anfahrt** vom Passeig Maritim in den Carrer Tarragona einbiegen | **Öffnungszeiten** während der Saison (Juni–Sept.) täglich 11–2 Uhr | **Tipp** Die »Nacht von Sant Joan« vom 23. auf den 24. Juni ist ein sehr sehenswertes Fest, und die Platja de Figueretas ist einer der besten Orte, um dieses Ereignis zu feiern. Klasse Paella und Fischgerichte serviert ganzjährig das Restaurante Ets Arcs, das zwischen Figueretes und Platja d'en Bossa liegt (Carles Roman Ferrer 3, Tel. +34/971391778).

40 Der Far de Botafoch

Wo Wettschwimmer wenden

Selbst das schmutzige Wasser im Hafenbecken von Ibiza-Stadt hält sie nicht ab: Alljährlich am 5. August stürzen sich Scharen von Frauen und Männern anlässlich des Festes der Schutzheiligen Maria de las Nieves ins Wasser, um zum Far de Botafoch und wieder zurück zu schwimmen. Seit mehr als 300 Jahren markiert am Endpunkt der Landzunge der Leuchtturm von Botafoch die Einfahrt in das große Hafenbecken von Eivissa. Von Dalt Vila aus kann man schön sehen, wie der Turm den strategisch einst so wichtigen Hafen bewacht.

Nach ihm ist die Marina Botafoch benannt, die sich in den vergangenen Jahren zu einem internationalen Viertel gemausert hat, in dem viel Jetset zu beobachten ist – nicht zuletzt im modernen Yachthafen, der zu den Schickimicki-Treffpunkten der Pityusen zählt. Im Gegensatz zur Marina Ibiza haben die Stadtplaner bei der Marina Botafoch auf verspielte Elemente gesetzt: Entstanden ist eine Art Städtchen in der Stadt, inklusive Boutiquen, Cafés, Bars und Restaurants – in allen wird den Kunden gern tief ins Portemonnaie gegriffen. Auf einen Kaffee oder einen Sundowner sollte jedoch jeder einmal nach Botafoch schauen, denn die Altstadt samt Befestigung sieht von hier bei entsprechenden Lichtverhältnissen wie gemalt aus.

Viel Aufmerksamkeit erfährt in Marina Botafoch ein Gebäude des französischen Stararchitekten Jean Nouvel. Im Las Boas mit seiner bunten Fassade befinden sich Luxusapartments, die von Stars gekauft wurden – darunter Shakira, die das Insel-Domizil erworben hat, als sie noch mit ihrem Ex-Lover Piquet, einem spanischen Fußballstar, liiert war. Allerdings wird erzählt, dass das Bauwerk nur von außen hui, von innen jedoch weniger spektakulär sei.

Beim Far de Botafoch dagegen weiß man, woran man ist. Der schmucke Leuchtturm steht stets kerzengerade für ein schönes Urlaubsfoto bereit. Übrigens: Urlauber sind herzlich eingeladen, am Wettschwimmen teilzunehmen.

Adresse Platja de Talamanca, 07800 Ibiza | Anfahrt auf dem Carrer de la Mola direkt zum Leuchtturm, in den Stadtteil Talamanca über die Avinguda Santa Eulària Richtung Osten, am 1. Kreisel rechts in den Passeig Joan Carles I einbiegen | Tipp Spielernaturen kommen im Casino de Ibiza hoffentlich auf ihre Kosten (Passeig Joan Carles I, 17, www.casinoibiza.com).

41 Der Film-Tunnel

Auf cineastischen Spuren durch Dalt Vila

Von der Plaça d'Espanya führt ein Tunnel hoch zur Kathedrale. Diese Abkürzung hat Filmgeschichte geschrieben. Begleitet vom psychedelischen Sound der britischen Rockformation Pink Floyd stirbt in ebenjenem dunklen Gang ein junger Deutscher einen Drogentod. »More – mehr – immer mehr« lautete der Titel des Kinofilms aus den 1970er Jahren, der vor allem wegen des Soundtracks von Pink Floyd zu Ehren kam. Die Handlung von »More« ist rasch zusammengefasst: Der Deutsche lernt auf Ibiza die vermeintliche Liebe seines Lebens kennen – zwei junge, unreife Herzen lassen sich auf eine Amour fou ein, die durch Drogenrausch, Gewaltexzesse und die sommerliche Hitze auf der Insel ins Schicksalhafte gesteigert wird und beide Protagonisten ins Verderben reißt.

»More« von Regisseur Barbet Schroeder ist aber nicht der einzige Film, der auf Ibiza gedreht wurde. Mit beißendem Humor hebt sich »Hallucinaton Generation« von US-Regisseur Edward Mann wohltuend vom Rest der Filme ab. Mann dechiffriert die Klischees der Drogenhölle Ibiza. Sein Werk ist eine durchaus allgemeingültige Skizze des psychedelischen Zirkus, der nicht nur auf Ibiza, sondern auch in Kalifornien, Mexiko und Goa gastierte. Die Beatniks, ein Begriff, der auf die Schlüsselfiguren der von Jazz, Drogen und Freiheitsträumen geprägten Beatnik-Bewegung zurückgeht, bekommen in »Hallucination Generation« ihr Fett ab.

Ein Blick auf die »Pill Partys«, die heutzutage auf den Pityusen tagtäglich stattfinden, verdeutlicht schnell, dass das Gros der Drogenfilme nicht mehr zeitgemäß ist. Für die Jugendlichen platzen sicher keine Lebensträume mehr, wenn sie nach einigen Tagen voller Musik, Ecstasy-Bowle und sexueller Freizügigkeit wieder an den Schreibtisch zurückkehren – vorausgesetzt sie beachten dies: Wisse, was du verträgst und dosiere sachte! Da ist das Ibiza-Abenteuer längst über Social Media geteilt. Sich in den Tunnel zum Sterben zu legen – auf diese absurde Idee käme heutzutage niemand mehr.

Adresse Plaça d'Espanya, Dalt Vila, 07800 Ibiza | Anfahrt durch das Portal de ses Taules über den Carrer de sa Carrossa und den Carrer General Balanzat zur Plaça d'Espanya | Tipp Wer Freude an Filmgenuss auf großen Leinwänden hat, dem sei das Unternehmen »Lime in the coconut« empfohlen, das Freiluftkino an coolen Orten veranstaltet (www.limeinthecoconut.es).

42 Das Glasfenster im Foyer

Im größten Inselkloster wird Politik gemacht

Wie müssen sich die Ratsherren gefühlt haben, als sie hier mehr als 100 Jahre nach der Säkularisierung (1835) erstmals ins einst größte Kloster Eivissas (Ibizas) einzogen, um hoch über dem Hafen die Geschicke der Stadt zu lenken! Erhaben und mächtig – wie vorher die Geistlichen, als diese ökonomisch wie politisch am Drücker waren. Vor der Säkularisierung galt dies uneingeschränkt, und während der Franco-Diktatur waren auch die Dominikaner Profiteure des totalitären Systems, dann freilich nicht mehr an diesem Ort, denn das Kloster diente zunächst als Hospital, später als Schule und schließlich als Gefängnis, ehe sich 1938 die Stadtverwaltung einquartierte.

Franco protegierte die Kirche, was erklärt, warum sich der Übergang von der geistlichen zur weltlichen Macht auf Ibiza so lange hinzog. Doch nach den ersten freien Wahlen kam der Wechsel rasch. Daher muss das Glasfenster im Eingangsbereich des Rathauses als treffendes Sinnbild für das Ende des alten Machtsystems betrachtet werden: Groß und ehrfurchtgebietend thront, weit über dem Steinboden schwebend und vom Gegenlicht aus dem Hafen erleuchtet, das Bild einer mit sieben Türmen gewappneten Burg über dem dunklen Foyer des Convento. Dieses Fenster symbolisiert die sieben Bastionen der Stadtmauer, die wie die Demokratie robust und stabil sind. Im ehemaligen Kreuzgang des Klosters, der einen pittoresken Innenhof umfasst, finden häufiger Konzerte statt. Das Fenster kann man immer besichtigen und sich an den Lichtspiegelungen erfreuen, die am Nachmittag den Fußboden in ein Kaleidoskop verwandeln.

Zu ihren Sitzungen versammeln sich die Stadtoberen im früheren Speisesaal der Mönche, der von einem Tonnengewölbe überspannt wird. Franco würde sich im Grab umdrehen, sähe er, wie seit den Wahlen 2015 eine Koalition aus Sozialisten und einer extremen Linken das Ruder der Stadtpolitik in der Hand hält.

Adresse Plaça d'Espanya 1, Dalt Vila, 07800 Ibiza, Tel. +34/971396500 | Anfahrt durch das Stadttor am Parkplatz unterhalb des Baluarte de Sant Bernat zum Convento Viejo | Öffnungszeiten Mo–Fr 10–13 und 17.30–20 Uhr, Sa, So 10–13.30 Uhr | Tipp Das Restaurante Beda La Scala liegt nicht weit entfernt im Carrer de Sa Carossa 7 und bietet gehobene Küche zu gesalzenen Preisen (Di Ruhetag, Tel. +34/971300383).

43 Die Hostal-Terrasse

Betrachtungen auf hohem Niveau

Joan und María Inés Roselló ist es geglückt, einen florierenden Familienbetrieb aufzubauen. In ihrem kleinen Hotel führen vier der fünf Kinder die Geschicke, inzwischen hilft sogar das ein oder andere Enkelkind mit. Das Beste am Hostal Marblau ist jedoch die wundervolle Terrasse.

Steht man dort oben, rund 30 Meter über dem Meer, liegt einem das Panorama der Bahia de Eivissa zu Füßen. Es ist ein Ort, der einem den Abschied schwer macht. Im Schatten der Veranda oder auf einer der Liegen ruhend, wird man nicht müde, auf das Blau zu blicken: Große Felsen liegen wie drapiert im Wasser, an klaren Tagen strahlt Formentera in der Ferne, die lang gezogene Platja d'en Bossa sieht man immer, auch die vielen Yachten, Segelschiffe, Fähren und Motorboote, die ihre Kielspuren auf dem Wasser hinterlassen. Dazu plappern Papageien, Tauben jagen vorüber, Möwen kreischen.

Auf der Terrasse des Marblau haben sich viele große Namen die Ehre gegeben: Joan Manuel Serrat, Spaniens großer Liedermacher, der Architekt und Maler Erwin Broner sowie der Künstler Hans Laabs, um nur einige zu nennen. »Wenn ich rauche, vertreibt das die Moskitos«, pflegte Familienoberhaupt Joan Roselló senior immer zu sagen. Mit seinem Schalk hat er die Herzen vieler Stammgäste erobert. Der passionierte Brieftaubenzüchter parliert auf Englisch, Französisch, Italienisch, Deutsch – über die Jahrzehnte hat er sich die Sprachen und schier unzählige Anekdoten angeeignet. Inzwischen tritt das Urgestein kürzer und lässt die Jüngeren machen.

Wer einen Pool sowie Öko-Essen für verzichtbar hält und faire Preise schätzt, sollte das Marblau ruhig in Betracht ziehen – der Charme der Gastgeber macht die vermeintlichen Nachteile wett. Die von Grün umgebene Terrasse mit schattiger Laube steht auch Besuchern offen und ist ein Muss – auch wenn tagsüber Jets vorbeidröhnen und zeitweise den Vogelgesang stören.

Adresse Hostal Marblau, Carrer Joan Xicó, Puig des Molins, 07800 Ibiza, Tel. +34/9711284, www.marblauibiza.com | Anfahrt vom Passeig Vara de Rey über den Carrer Joan Xicó den Hügel hinauf, die Abzweigung zum Tunnel links liegen lassen und erst bei nächster Gelegenheit links abbiegen, über ein kurzes Stück ungeteerte Straße zum Ziel | Öffnungszeiten März–Ende Okt. | Tipp Wenige Minuten vom Marblau entfernt befindet sich eine schöne kleine Badebucht. Der Weg schlängelt sich an Wohnhäusern vorbei, bis man zu einer Treppe gelangt. Es sind nicht viele Stufen, aber Vorsicht ist geboten, es besteht Rutschgefahr!

44__Die Klosterkirche

Architektonisches Schmuckstück in Toplage

Seine Hoheit höchstpersönlich soll den Bau der Inselkirche Església de Sant Domingo in Auftrag gegeben haben. Ob sich König Philipp II. (1527–1598) von Spanien die mit roten Ziegeln gedeckten Dachkuppeln wünschte, die sich elegant über die weißen Mauern des Gotteshauses wölben, ist nicht überliefert. Jedenfalls sind sie ein Hingucker. Auf den ersten Blick könnte das Gotteshaus auch eine Moschee oder Synagoge sein. Doch bei dem außergewöhnlichen Sakralbau handelt es sich um eine Klosterkirche für einen der größten Orden der katholischen Kirche.

Die Dominikaner hatten ihr Kloster lange Zeit nahe dem Ort Jesús in der Ebene – doch den Mönchen machten Piraten zu schaffen, die lange Zeit auf den Balearen brandschatzten. Daher wurde Ende des 16. Jahrhunderts der Bau auf dem vor Überfällen sicheren Altstadthügel beschlossen. Bis das neue Kloster vollendet war, zog allerdings fast ein Jahrhundert ins Land. Das Hauptschiff der Kirche Santo Domingo misst mehr als 30 Meter. Im glanzvollen Inneren sind vor allem die zehn Kapellen interessant, jeweils fünf befinden sind zu beiden Seiten des geräumigen Mittelschiffs. Die schönste ist die Capilla del Roser, die älter als die Kirche ist und von den Baumeistern in das neue Gebäude integriert wurde.

Im Jahr 1835 wurden die Dominikaner von ihrem bevorzugten Standort in Dalt Vila vertrieben. Die Säkularisierung führte dazu, dass der Orden aufgelöst wurde. Ein Teil des Dominikaner-Anwesens wurde zur Stadtverwaltung. Die Kirche selbst blieb der katholischen Gemeinde der Pityusen als Gotteshaus erhalten.

Die prächtigen Altäre im Inneren der Klosterkirche Santo Domingo sind teilweise mit Blattgold verziert, und aufwendig gestaltete Fresken schmücken die Decken. Sie stammen vom Künstler Vicent Matas, der sie 1884 vollendet hat. Einheimische und Urlauber zünden hier gern mal eine Kerze für das Wohl der Dominikaner und der eigenen Familie an.

Adresse Església de Santo Domingo, Carrer General Balanzat, Dalt Vila, 07800 Ibiza | **Anfahrt** Parkplatz unterhalb des Baluard de Sant Bernat | **Öffnungszeiten** Mai–Sept. Di–Sa 9.30–13.30 sowie 17–20 Uhr, Okt.–April Di–Sa 9.30–13.30 und 16–19 Uhr | **Tipp** Wer nach dem Besuch der Dominikanerkirche noch Entdeckerlust verspürt, kann von der Plaça d'Espanya in den Carrer de Pere Tur einbiegen und sich die Bürgerpaläste anschauen, die diese Straße säumen.

45 La Bodega

Bunt eingerichtetes Tapas-Paradies

Miguel Deprit und Fernando Manzo geben ein geniales Paar ab. Das gilt nicht nur für das Privatleben der beiden, sondern auch was ihr berufliches Engagement anbelangt. Im Restaurant La Bodega pflegen sie eine gehobene, international orientierte Gastlichkeit. Das zeigt sich in der Auswahl guter Weine, einem fein zusammengestellten, vielfältigen Tapas-Angebot und der bezaubernden Einrichtung ihres Lokals. Direkt unterhalb der Puerta de ses Taules haben der Spanier und der Argentinier ein rund 150 Jahre altes Lagerhaus mit angrenzendem Stall gepachtet und es liebevoll umgebaut und möbliert. Wo früher Lastesel und Mulis fraßen, Fässer und Säcke lagerten, sitzen die Gäste nun unter einem harmonisch geschwungenen Gewölbe, in dem bunte Lampen, Kronleuchter und Glaskunst aus Marokko funkeln und Gemälde und Skulpturen schweben – unter anderem.

Fernando und Miguel haben ein gutes Händchen fürs Personal. Die Bedienungen sind freundlich, parlieren in mehreren Sprachen. Sie stammen wie die Gäste aus aller Welt. Attraktive Spanierinnen, anmutige Brasilianerinnen, freundliche Briten, coole Gauchos aus Uruguay und Franzosen in Lederhosen mit 1950er-Jahre-Hosenträgern und Biker-Stiefeln bedienen an den Tischen. Bei aller Lockerheit legt das Personal Wert auf Stil, für primitive Saufgelage ist in der Bodega kein Platz.

Am besten sollte man reservieren und sich an warmen Abenden eines der Plätzchen draußen sichern. Zu später Stunde und an kühlen Abenden ist es innen angenehmer, wo die magischen Lichtspiele die Gäste zum Tanzen bringen und eine gut bestückte Bar zum Après-Dinner einlädt. Die Musik wird je nach Publikum gewechselt, sodass die Leute bei Laune und die Gespräche auf Niveau bleiben. Ein Abend in der Bodega kann lange dauern, aber spätestens um zwei Uhr ist Schluss, damit am nächsten Tag mittags wieder alles auf Start steht und das Haus neue Gäste begrüßen kann.

Adresse Carrer Bisbe Torres Mayans 2, La Marina, 07800 Ibiza, Tel. +34/971192740 | **Anfahrt** am besten per pedes erreichbar, direkt unterhalb der Puerta de ses Taules | **Öffnungszeiten** März–Nov. täglich 12–etwa 2 Uhr | **Tipp** Wer Lesestoff braucht, kann sich ganz in der Nähe in der stadtbekannten Libreria Verdera Zeitungen und Bücher besorgen.

46 La Ventana

Dinieren in Dalt Vila

Señor Carlos begegnet Gästen ausgesprochen freundlich und voller Respekt, was auf Ibiza während der Hochsaison leider nicht von allen Hoteliers und Gastronomen behauptet werden kann. Dass dieser Mann anscheinend immer die Contenance bewahrt, hat sicher auch mit der ruhigen Lage seines Restaurants zu tun. Das La Ventana (zu Deutsch: Das Fenster) samt einem kleinen, aber sehr feinen Hotel ziert einen Platz in Dalt Vila, der abseits des Trubels liegt. Hier finden Gourmets ein kleines Paradies, denn was an den Tischen draußen oder drinnen serviert wird, hat große Klasse. Das zart gebratene Lamm im Rosmarin-Blätterteig-Mantel, garniert mit Bratkartoffeln und Bohnen, mundet ebenso köstlich wie die Nachspeisen. Dazu servieren die Ober exzellente Weine.

Nicht nur die Speisen und Getränke, auch das Haus selbst ist faszinierend, weil es wie ein kleines Gesamtkunstwerk gestaltet ist. »Vida es amor« (Leben bedeutet Liebe) und andere Lebensweisheiten zieren einige Wände, Kunst aus Bali, Mexiko und Indien wurde geschmackssicher arrangiert, und im Foyer wird antiker Schmuck ausgestellt. Die 13 Hotelzimmer bieten eine reizvolle Unterkunft – und das nur wenige hundert Meter von Sehenswürdigkeiten wie dem Museum für Gegenwartskunst oder der Kathedrale entfernt. Prächtige Lampen und Lüster sowie die wohldosierten Farbspiele an den Wänden und Decken schaffen eine Atmosphäre mit hoher Anziehungskraft.

Der Abschied nach einem ausgedehnten Mahl fällt deshalb schwer, und am allerliebsten würde man Carlos nach einem Zimmer fragen, um auszuschlafen und am nächsten Morgen auf der Terrasse im Schatten von Bäumen und Sonnenschirmen und umgeben vom Gezwitscher der Vögel zu frühstücken. Wer sich die Zimmer im oberen Stockwerk oder die Dachterrasse ansieht, entdeckt noch einen Vorzug des Restaurant-Hotels: den herrlichen Blick auf die Stadtmauer, die Unterstadt und den Hafen.

Adresse Sa Carossa 13, Dalt Vila, 07800 Ibiza, Tel. +34/971390857, www.laventanaibiza.com | Anfahrt über die Puerta de ses Taules zum Restaurant La Ventana | Öffnungszeiten ganzjährig | Tipp Direkt neben dem Lokal den Hügel hinauf liegt eine neue Galerie, die Gegenwartskunst ausstellt und verkauft.

47__Der Lesesaal im Colegio

Schatzkammer für Architekturinteressierte

Ganz oben in der Altstadt befindet sich eine Schatzkammer für Liebhaber der Baukunst. Viele Gebäude auf den Pityusen, bei denen Stararchitekten wie Josep Lluís Sert, Erwin Broner und Jean Nouvel eifrig am Werk waren, sind es wert, besichtigt zu werden. Doch der Lesesaal des Colegio Oficial de Arquitectos bietet mit Abstand die meisten Informationen pro Quadratmeter über die architektonischen Preziosen der Pityusen.

Bauhaus-Gründer Walter Gropius, Baumeister-König Le Corbusier und viele andere waren auf Ibiza, um sich von der kubischen Anordnung von Stein, Holz und später Glas inspirieren zu lassen. Dabei handelt es sich um jene Bauweise, die seit Anbeginn der Zeiten, in denen Menschen nicht mehr in Höhlen, sondern in von eigener Hand errichteten Gebäuden wohnten, auf Ibiza vorherrschte. Im Lesesaal des Colegio stehen interessante Bildbände und einige Modelle bereit. Untergebracht ist dieser Schatz an Informationen im Can Llanares, einem alten Herrenhaus unweit der Kathedrale. Lassen Sie sich von dem wehrhaften Äußeren, das abweisend aussieht, nicht einschüchtern,denn dies ist nur ein architektonisches Zitat der für die Inseln typischen Wehrkirchen, von denen viele mit burgartigen Toren und Türmen versehen wurden, um sie gegen Angriffe zu schützen. Die schönsten Beispiele für diesen Stil sind die Kirche im Dorf Balàfia und die Apartments Punta Martinet im Stadtteil Talamanca von Ibiza-Stadt, die der Katalane Josep Lluís Sert geschaffen hat.

Charles-Édouard Jeanneret-Gris, besser bekannt als Le Corbusier, schwärmte bei seinem Ibiza-Besuch 1932 von einer »seltsamen und reinen Architektur«. Es sind inzwischen weit mehr als 80 Jahre verstrichen, doch die Worte des legendären Baumeisters gelten auch für das Colegio. Die technischen Raffinessen, mit denen Architekturgeschichte heutzutage vermittelt werden kann, hätten auch Le Corbusier begeistert.

Adresse Colegio de Arquitectos, Carrer Pere Tur 3, Dalt Vila, 07800 Ibiza, Tel. +34/971398003 | **Anfahrt** Beginn des Carrer Pere Tur auf der Westseite der Plaça d'Espanya | **Öffnungszeiten** Mo–Fr 9–13 Uhr | **Tipp** Eine Stippvisite im angrenzenden Carrer la Sagrada Família erinnert an den großen Baumeister Gaudí und sein Wunderwerk in Barcelona.

48 Das Macabich-Haus

Ibizas Idol in Stein

Da sitzt er im Schatten eines Eukalyptusbaumes und mustert ernsten Gesichts die Passanten: Isidor Macabich i Llobet war ein angesehener Historiker, Dichter und Priester, und seine mannshohe Bronze in Dalt Vila zeigt, dass die Ibizenker ihn für sein Werk verehren. Doch kaum einer kennt das Wohnhaus des Mannes, der mit seiner vierbändigen »Historia de Ibiza« (Geschichte Ibizas) ein Buch verfasst hat, das bis in unsere Zeit zu den Standardwerken über die Pityusen gehört.

Macabich (1883–1973) wohnte viele Jahre ganz oben in Dalt Vila, nur wenige Meter von der Plaça de la Catedral entfernt. Sein berühmtes Buch hat er dort in den Jahren 1966 und 1967 verfasst, als Spanien und die Balearen unter der faschistischen Franco-Diktatur ächzten, wobei Ibiza wie Formentera im Vergleich zum Rest des Landes größere Freiheiten genoss. Francisco Bohamonde Franco, so der bürgerliche Name des Despoten, mochte die Insel. Auch wenn Macabich nicht zu den Hörigen des Caudillo oder Generalissimo, wie Franco im Volksmund genannt wurde, zählte, so suchte er doch den Kontakt zum mächtigsten Mann Spaniens, schließlich protegierte die Diktatur die katholische Kirche.

Der große Verdienst des verehrten Geistlichen sei gewesen, dass er mit allen das Gespräch und den Ausgleich gesucht habe, berichten Menschen, die Macabich persönlich kannten. Als zu Beginn des Spanischen Bürgerkriegs viele Geistliche von den Republikanern erschossen wurden, krümmte man ihm kein Haar. Das mag mit seiner nach allen Seiten hin offenen Art zusammengehangen haben. Wenn man sein Denkmal in Ruhe betrachtet, kann man sich das gut vorstellen. Links neben ihm liegt ein Buch aus Bronze, es ist aufgeschlagen – doch Macabichs Blick ist auf die Passanten gerichtet. Fast möchte man sich neben ihm niederlassen und sagen: So, Señor Macabich, nun erzählen Sie doch mal einen Schwank aus Ihrem Leben.

Adresse Carrer Major 10B, Dalt Vila, 07800 Ibiza | **Anfahrt** hinter dem Zugang über die Puerta de ses Taules links halten, Bank kurz vor dem Baluard de Santa Llúcia; Wohnhaus »eine Etage höher« im Carrer Mayor, beginnt am Kathedralen-Vorplatz | **Öffnungszeiten** nur von außen zu besichtigen | **Tipp** In der Kathedrale, nur eine Ecke von Macabichs Wohnhaus entfernt, gibt es ein kleines Museum, in dem der sehenswerte Kirchenschatz ausgestellt ist (Di–Sa 9.30–13.30 Uhr).

49 Das MACE

Abwechslungsreiche Kunst auf der Höhe der Zeit

Elena Ruiz Sastre ist eine zeitgemäße Spanierin wie aus dem Bilderbuch: selbstbewusst, stilsicher, hervorragend ausgebildet, ebenso charmant, zielstrebig und humorvoll. Die Direktorin des Museu d'Art Contemporani D'Eivissa (MACE) in Ibiza-Stadt ist fast eine One-Woman-Show, sie kuratiert und organisiert den wohl wichtigsten Kunsttempel der Pityusen, wenn nicht der gesamten Balearen, und hat für diese Aufgabe nur wenige Helfer.

Im Juli 2015 durfte die Chefin die Eröffnung einer Ausstellung feiern, die ihr zwar schlaflose Nächte bereitet hatte, ihr aber noch mehr Renommee im etwas snobistischen Zirkel der Kunstsinnigen eintrug: Tobias Rehberger, der den Goldenen Löwen für das von ihm gestaltete farbenfrohe Café des Internationalen Pavillons der Biennale in Venedig erhalten hatte, und Douglas Adams, der Gewinner des Turner Prize der Tate Modern in London, gaben sich auf Ibiza ein Stelldichein für eine Kooperations-Schau, die auch in New York oder Berlin einen Pilgerstrom der Kunstszene verursacht hätte. Nach Ibiza zu reisen, das kann den Kunstmarkt-Experten künftig wieder geraten werden. Denn Sastre, die Ibiza seit 30 Jahren kennt, hat noch Großes vor.

Das Museum für Gegenwartskunst wurde 1971 eröffnet, in einem Gebäude aus dem 18. Jahrhundert, das ursprünglich als Waffenlager diente. Was zwei Jahrhunderte später besticht, sind die entwaffnende Freundlichkeit des Personals sowie die vielen Dauerexponate von Rang. Emilio Vedova ist dort ebenso vertreten wie einige namhafte US-amerikanische Künstler. Auch beachtenswerte Fotografen sind darunter. Die Architektur des kleinen, aber feinen Museums ist ebenfalls ungewöhnlich: Im unteren Teil von Dalt Vila, hinter der äußeren Stadtmauer gelegen, lässt die Fassade des Bauwerks nicht vermuten, dass dahinter solch kuriose, moderne Kunstwerke warten. Einfach mal die steilen Gassen emporschreiten und sich inspirieren lassen.

Adresse Museu d'Art Contemporani d'Eivissa, Ronda Narcís Puget, Dalt Vila, 07800 Ibiza, Tel. +34/971302723, www.eivissa.es/mace | Anfahrt per pedes über die Puerta de ses Taules zum Carrer de sa Carrossa, Museum linker Hand die Auffahrt hoch | Öffnungszeiten April, Mai, Juni Di–Fr 10–14 und 17–20 Uhr, Sa, So 10–14 Uhr, Juli und Aug. Di–Fr 10–14 und 16–21 Uhr, Sa, So 10–14 Uhr, Okt. und März Di–Fr 10–16.30 Uhr, Sa, So 10–14 Uhr | Tipp Der Baluard de Sant Joan wenige Meter unterhalb des MACE bietet einen superben Blick auf das Viertel La Marina und den Hafen.

50 Das Malanga Café

Hier grooven die Locals

Enrique, Architekt und Club-Mitgründer, beschreibt das Credo des Malanga Cafés folgendermaßen: »Wir wollen den Geist und die Freude schwarzer Musik auf die Insel holen.« Turntable-Profis aus aller Welt sollen ans Pult – das ist seit der Eröffnung 2015 eines der wichtigsten Ziele dieser kleinen, aber feinen Nightlife-Location.

Das Malanga ist im Stil der Seventies möbliert und muss den Vergleich mit den oft internationalen DJ-Line-Ups des Industrie-Clubbings nicht scheuen. Gerade der direkte Kontakt zu den Masters of Sound machen seinen Charme aus. Bisweilen wird die Musik von Kastagnetten und Gitarrenriffs begleitet, manchmal wird – wie zu Anfangszeiten des Hip-Hop – gescratcht. Das ist das Rezept eines Musikerlebnisses, das Liebhabern von Funk and Soul, Latin-Vibes, Hip-Hop oder originär afrikanischen Grooves sofort in die Tanzbeine fährt.

Treibende Kraft der Club-Crew ist Manuel Verdera. Als Spross einer einflussreichen Unternehmerfamilie trägt er doppelte Verantwortung. Er will den Betrieb der Familie, die mit dem ersten Großhotel am Figueretas-Strand reich und bekannt wurde, erfolgreich in die Zukunft führen. Der Einsatz im Familienimperium und das Malanga als eigene Herzensangelegenheit – das ist nur mit vielen durchwachten Nächten unter einen Hut zu bringen. Während der ersten Monate wurde das Malanga Café fast zu einer zweiten Wohnung für ihn.

Über dem Tresen der kleinen Bar leuchten Hängelampen, die mit alten Audiokassetten beklebt sind, und oben auf der Galerie kann man in Ohrensesseln versinkend eine Tanzpause einlegen. Bleibt zu hoffen, dass diese absolute Ausnahmeerscheinung in Ibizas Nachtleben seine Erfolgsgeschichte der ersten Jahre weiter fortschreibt. *Mucha suerte* – viel Glück, denn die schwer einzuschätzende Dynamik des Amüsierbetriebs auf Ibiza hat schon so manchem guten Laden ein vorzeitiges Ende bereitet.

Adresse Carrer Carles III, Sa Capelleta, 07800 Ibiza, Tel. +34/622877675 | **Anfahrt** vom Carrer de Santa Eulària noch vor dem Fährableger nach Formentera links einbiegen, Malanga Café in der mittleren von drei Fußgängerpassagen | **Öffnungszeiten** Mo–Sa ab 21 Uhr | **Tipp** Nur einen Häuserblock vom Malanga entfernt kann man sich nach dem Tanzen in der Cafeteria Claudio stärken (Kreuzung Carrer Carlos III und Carrer Antoni Jaume).

51 Der Mercat Nou

Ibizas bunter Alltagsmarkt

Der Mercat Nou ist der größte, interessanteste und gleichzeitig alltäglichste Markt der Pityusen. Der Name Mercat Nou, »Neuer Markt«, ist dabei etwas irreführend, weil die Markthalle bereits 1978 eröffnete und damit über 40 Jahre alt ist. Aber sei's drum, der Markt ist mit jedem Jahr noch besser und lebendiger geworden – der Wirtschaftskrise zum Trotz.

Das heitere Treiben beginnt bereits auf dem Vorplatz: Dort stehen munter plaudernd Sinti und Roma, die lässige Strohhüte tragen und sich auf bunt bemalte Holzstöcke stützen, die am Halter elegant geschwungen sind. Neugierigen Blicken auf ihre Stöcke begegnen sie mit dem Hinweis, dass diese Dinger *naturalmente* käuflich sind. Der zuerst genannte Preis ist horrend, sinkt aber bei etwas Verhandlungsgeschick. Ob es sich wirklich um Handarbeiten handelt, wie die Männer versichern, sei dahingestellt. Schön anzusehen sind die Stöcke allemal.

Noch quirliger geht es im Inneren der Markthalle zu, wo feine Schinken von den Decken baumeln, Fische und Muscheln auf Eis auf Kunden warten, Obst und Gemüse in allen Farben um die Wette glänzen, edle Käse ihr Aroma verströmen und frisches Brot appetitlich duftet. Ältere Damen prüfen die Waren kritisch, monieren Druckstellen an Obst und Gemüse, was von den Marktleuten prompt mit Preisnachlässen belohnt wird. Auch Schuhmacher, Hut- und Sonnenschirmverkäufer buhlen um Kundschaft. Wer eine Shoppingpause einlegen möchte, setzt sich ins Markt-Café oder besucht eine der umliegenden Bars. Herrlich!

Strategisch haben die Stadtplaner den Mercat Nou günstig platziert, er ist nahe am Busbahnhof und quasi auf dem Weg in die Altstadt und das Büroviertel entlang der Avinguda d'Espanya gelegen. Da gibt es immer ausreichend Laufkundschaft, und die Nachbarn aus den angrenzenden Wohnvierteln sowie die Spazierstockverkäufer schauen ohnehin jeden Tag vorbei – und wenn es nur auf ein Schwätzchen ist.

Adresse Carrer de Catalunya, nahe Plaça de la Pau, 07800 Ibiza, www.esmercatnou.com | **Anfahrt** über die Avinguda d'Espanya Richtung Zentrum, dann links in den Carrer de Canàries direkt zum Mercat Nou | **Öffnungszeiten** täglich außer So 7–15 Uhr | **Tipp** Exzellente Fischgerichte kommen im Restaurante Mesón el Gallego auf den Tisch (Carrer Bisbe Huix 19, Tel. +34/971306416).

52 Der Mercat Vell

Ibiza und die Drogen

Drogen gehören zu Ibiza wie der Strand. Davon sind nicht nur Ex-Junkies überzeugt, die der Insel längst Adiós gesagt haben, sondern auch Einheimische, die Klartext reden. Von Marihuana über Designerdrogen bis hin zu Crack und Heroin ist auf der Insel so ziemlich alles zu haben, was das Bewusstsein erweitert, vernebelt oder zerstört – je nachdem, ob man den Genuss von Rauschmitteln im Griff hat oder nicht.

Ein Ort, an dem der Drogenverkauf floriert und die negativen Auswirkungen des Konsums leider unübersehbar sind, ist der Mercat Vell. Dort bieten zwielichtige Gestalten ab dem frühen Abend alles an, was vermeintlich glücklich macht: Ecstasy, Kokain, Gras, Heroin. Zu späterer Stunde wanken und torkeln dann Konsumenten vorüber, die zu viel abbekommen haben – auch vom Alkohol in den umliegenden Bars.

Es gilt als gesichert, dass die Behörden die Zahlen der Opfer harter Drogen schönen, um Ibiza vor Negativ-Schlagzeilen zu schützen. Ebenso sicher ist, dass in einigen Clubs vieles konsumiert wird, was den Kreislauf schädigt und bei grenzenloser Verausgabung auf dem Dancefloor zum Kollaps führen kann. Lediglich die Einlieferungen von *endrogados* (Drogenopfern) in die Krankenhäuser werden publiziert, aber das sind immer erstaunlich wenige – gemessen daran, was manche Einheimische erzählen, und daran, was in den lokalen Nachrichten über Unfälle und Gewalttaten zu lesen ist. In der Hauptsaison Ende Juni bis Ende August häufen sich derlei Berichte: Da stechen sich Touristen gegenseitig ab, stürzen sich sturztrunkene, bekiffte oder von drogeninduzierten Wahnvorstellungen heimgesuchte Feriengäste von Balkonen in Pools ohne Wasser. Oder sie wollen auf den Balkon der Nachbarn springen und schlagen auf dem Beton des Vorplatzes auf. Für diese abstruse, vor allem bei jungen Zeitgenossen beliebte »Sportart« hat sich der Begriff des »balcooning« etabliert.

Adresse Plaça de la Constitución, La Marina, 07800 Ibiza-Stadt | Anfahrt am besten per pedes über den Carrer Andenes und den Carrer de Mar, dann links in den Carrer d'Antoni Palau einbiegen | Tipp Wer genug von Tapas hat, kann sich in der Pizzeria Forno Antico stärken (Plaça de la Constitución 4).

53 Das Museum in der Bastion

Kugeln und Kanonen

In der Bastion Sant Jaume kann man eine Zeitreise unternehmen. Denn hier sieht alles so aus, als würde die militärische Mannschaft des Bollwerks nur auf das Kommando warten, um die Kanonen auf die Feinde abzufeuern. Das Mauerwerk stammt aus der Zeit der Renaissance und ist ein Zeugnis der katalanischen Herrschaft über die Insel, die mit der Rückeroberung von den Mauren im Jahr 1235 begann.

Innen lässt die Militärausstellung die kriegerischen Zeiten vom 16. bis zum 18. Jahrhundert wiederauferstehen – und zwar auf sehr anschauliche Art und Weise: Fein aufeinandergestapelt türmen sich die Bleikugeln; Musketen, Mörser und Kanonen strotzen vor Zerstörungskraft, es fehlen nur noch der Geruch von Pulver und das Zischen der Lunten.

Das zum Museum umfunktionierte Bollwerk zeigt Richtung Westen. Einst war es darauf ausgerichtet, die befestigte Stadt an ihrer empfindlichsten Flanke zu schützen – denn vom offenen Meer her war diese Seite gut unter Beschuss zu nehmen, und selbst die herannahende Infanterie hatte es über den nicht ganz so steilen Puig des Molins vergleichsweise leicht, an die wehrhaften Mauern zu gelangen.

Trotz der kriegerischen Atmosphäre des kleinen Museums: Für Kinder und Jugendliche gibt es kaum einen spannenderen Ort, um die wechselhafte Geschichte der Insel kennenzulernen. Immerhin besteht die Befestigungsanlage aus Elementen der römischen, byzantinischen und maurischen Epoche. Besucher dürfen die Kanonen und Kugeln anfassen und sogar Kanonier spielen. Die Schusswinkel können verstellt und die Kugeln in die Höhe gehoben werden, als würde man die Geschütze laden. Auch aus architektonischer Sicht hat der Ausflug durchaus pädagogischen Wert. Schließlich zeugt die intakte Stadtmauer mit ihren sieben Bastionen vom Können der italienischen und spanischen Festungsarchitekten.

Adresse Baluard de Sant Jaume, Ronda Calvi, Dalt Vila, 07800 Ibiza, Tel. +34/971392390 | **Anfahrt** durch das Portal Nou | **Öffnungszeiten** Di–Fr 10–14 und 17–20 Uhr, Sa, So 10–14 Uhr | **Tipp** Ganz nahe und ideal, um sich zu stärken, ist das Restaurante La Oliva (Carrer Sa Creu 2).

54 Das Museu Puget

Panoptikum des alten Eivissa

Zwei ibizenkische Meistermaler bespielen einen Stadtpalast – Vater und Sohn Puget haben den Pityusen ein malerisches Erbe hinterlassen, das der Inselregierung ein eigenes Museum wert war. Im 2007 eröffneten Museu Puget sind 130 Gemälde, Zeichnungen und Aquarelle zu sehen, die Ibiza und Formentera vom Ende des 19. bis in die zweite Hälfte des 20. Jahrhunderts sozusagen aus der Familienperspektive zeigen.

Narcís Puget Vinas (1874–1960) und Narcís Puget Riquer (1916–1983) würden sicher vor Freude strahlen, könnten sie das ihnen gewidmete Museum in Dalt Vila besichtigen – es befindet sich nämlich in einem der schönsten Gebäude der Oberstadt. Der mondäne alte Stadtpalast Can Comasema ist ein würdiger Ort, um die großartigen Kunstwerke der Pugets für jedermann zugänglich zu machen. In dem noblen Haus residierte die angesehene Familie gleichen Namens, die aus Mallorca stammte und die Villa im 19. Jahrhundert zu ihrem Zuhause machte.

Historiker datieren die älteren Teile des Gebäudes auf das 15. Jahrhundert. Das Bauwerk ist im Stil der katalanischen Gotik gehalten. Schmuckstück der nach Süden ausgerichteten Hauptfassade des Palastes ist das große Bogenfenster. Die Ausstellungsräume sind um einen weitläufigen Patio (Innenhof) herum angelegt, der von schönen Steinsäulen gerahmt wird. Weiterer Hingucker: Über dem Innenhof thront ein Holzbalkon.

Doch zurück zu den Exponaten des Museums: Während Puget senior sich den Traditionen und dem Landleben verschrieben hatte, die zu seinen Lebzeiten prägend für das Dasein der meisten Insulaner waren, konzentrierte sich sein Sohn mehr auf städtische Motive, die er vor allem in Ibiza-Stadt fand: Er hat Personen porträtiert, das Straßenleben eingefangen und architektonische Details in den Mittelpunkt seiner Bilder gestellt. Zusammen ergeben die Werke von Vater und Sohn Puget ein Panorama des alten Ibiza.

Adresse Carrer Sant Ciriac 18, Dalt Vila, 07800 Ibiza, Tel. +34/971392137 | Anfahrt am besten zu Fuß durch die Puerta de ses Taules zu erreichen | Öffnungszeiten Mai–Sept. Di–Fr 10.30–13.30 und 17–20 Uhr, Sa, So 10–14 Uhr, Okt.–April Di–Fr 10–16.30 Uhr, Sa, So 10–14 Uhr | Tipp Eine hervorragende Unterkunft: Die Apartamentos Navila haben einen etwas irreführenden Namen, handelt es sich doch eher um ein Hotel, und zwar eines mit exzellenter Aussicht und schönem Pool (Tel. +34/971390573, www.navila.es).

55 Die Musikbar De Miedo

Ibizas härtester Dancefloor

Rock, Heavy Metal, Black Music, Garage – für diese Musikrichtungen existiert auf Ibiza seit mehr als 20 Jahren eine Pilgerstätte: die Musikbar de Miedo. Das Lokal, auf das viele Einheimische schwören, liegt etwas versteckt am Ende eines Seitengässchens. Hinter der dunklen Holztür gelangt man in eine eigene Welt, ein Universum mit psychedelischem Look, einer wuchtigen Sound- und ausgeklügelten Lichtanlage, einem gut sortierten Whiskey-, Rum- und Gin-Angebot und – das Wichtigste – einer tanzfreudigen Feiergemeinde. Gut gemischte Longdrinks und Cocktails zu fairen Preisen tun ihr Übriges, und hervorragende DJs bringen die Stimmung selbst an regnerischen und kühlen Tagen zum Kochen. 1995 bis 2015 – die 20-Jahr-Feier wurde vom Miedo-Team ebenso routiniert wie enthusiastisch begangen.

Wer sich zu lange in Lautsprechernähe aufhält, muss mit einem Hörschaden rechnen, aber den scheinen viele Stammgäste ohnehin bereits zu haben. Immerhin schließt das de Miedo gegen 4 Uhr, sodass man ausreichend Zeit zum Regenerieren hat.

Auch wenn ein Plakat im knallfarbenen 1970er-Jahre-Design, auf dem sich eine wohlgeformte, langhaarige Schönheit grazil zum Rhythmus bewegt, es Glauben machen könnte: Gestrippt wird in der Musikbar nicht, aber auf der Tanzfläche geht es durchaus ekstatisch zu. Ganz so wie früher bei den legendären Konzerten von Größen wie Eric Clapton oder Bob Marley in der einstigen Stierkampfarena von Ibiza-Stadt oder bei Partys mit den Rolling Stones oder Queen im legendären Hostal Pikes. Wohltuend im de Miedo: Das Publikum ist gemischt, vom sportlich-legeren Typ im Jeans- oder Leder-Outfit bis zum Anzugträger ist fast alles vertreten, Lokalmatadorinnen sind häufig, Schicki-Mädels auf Urlaub eher selten anzutreffen. Bei den männlichen Gästen halten sich Urlauber und Ibizenker in etwa die Waage. Beste Voraussetzungen also für einen gelungenen Abend.

Adresse Callejón Trinidad 6, 07800 Ibiza | Anfahrt Abzweig der kleinen Sackgasse vom Carrer Barcelona | Öffnungszeiten ganzjährig 22 – 4 Uhr | Tipp In der Eisdiele Barocco kann man sich bis 1 Uhr nachts vor oder nach dem Tanzvergnügen eine Erfrischung holen (Plaza de Vila 23a).

56 Die Necropòlis

Der Totenhügel der Phönizier

Die Archäologen sind sich einig: Nach der Talayot-Kultur (ab 3000 vor Christus) herrschten die Phönizier und Karthager auf den Pityusen. Ibosim nannten sie ihre neue Errungenschaft, die Insel des Bes, der den Altertumsforschern als ägyptische Gottheit für Ackerbau, Kriegskunst und Fruchtbarkeit bekannt ist.

Für die Phönizier wie für ihre Nachfahren, die Karthager, waren die Pityusen sowie Mallorca und Menorca offenbar zunächst strategisch bedeutsame Häfen im westlichen Mittelmeer. Zum einen dienten sie als Versorgungsstationen für die Handelsschiffe, deren Ziel die Häfen der Iberischen Halbinsel waren. Zum anderen begriff man sie bald als eigene kleine Welt, reich an Holz für den Schiffbau, geeignet für den Getreide-, Obst- und Gemüseanbau und besonders wertvoll wegen der idealen Bedingungen für die Zucht von Purpurschnecken.

Ibiza mit seinen grünen Wäldern und einem weit gesünderen Klima als Nordafrika wurde für die Phönizier jedoch bald in ganz anderer Hinsicht interessant: als Heilort, an dem verwundete Krieger genesen, alte Menschen ihren Lebensabend genießen und nach ihrem Ableben standesgemäß bestattet werden konnten. Der Puig des Molins ist die größte karthagisch-phönizische Bestattungsstätte der Welt. Entdeckt wurde sie 1946, nachdem ein auf dem Hügel fressendes Maultier plötzlich im Erdboden versunken war. Das Tier war in eine unterirdische Grabstätte gigantischen Ausmaßes gestürzt. Mehr als 3.000 Gräber sollen in den Hügel gegraben worden sein. Rund 400 wurden freigelegt – offenbar waren sie zwischen 600 und 500 vor Christi Geburt entstanden, wurden mehrfach umgebaut und nach dem Ende der phönizischen Herrschaft von den Römern weiter genutzt. Die Fundstätte und das zugehörige Museum sind neben Sehenswürdigkeiten wie der Stadtmauer von Ibiza-Stadt mitentscheidend dafür gewesen, dass Ibiza 1999 zum UNESCO-Weltkulturerbe erklärt wurde.

Adresse Museu Puig des Molins, Via Romana 31, 07800 Ibiza, Tel. +34/971301771 | **Anfahrt** von Westen kommend der Avinguda d'Espanya Richtung Zentrum folgen und kurz nach dem Consell d'Eivissa rechts abbiegen | **Öffnungszeiten** April–Sept. Di–Sa 10–14 und 17–20 Uhr, So 10–14 Uhr | **Tipp** Nach dem Ausflug ins Totenreich versüßt man sich das Leben in der nahen Pasteleria La Canela (Carrer d'Aragó 54).

57 Das Observatorium

Sternegucken über dem Gräberfeld

Auch wenn viel von der Magie der Nächte auf Ibiza geschwärmt wird, nur an einem Ort der Insel sind die Sterne wirklich zum Greifen nahe: im Observatorium auf dem Puig des Molins.

Die 1956 eingeweihte Sternwarte ist nach jahrelangem Umbau und umfassender Renovierung auf dem neuesten Stand der Technik. Das weiß gestrichene, von seiner Form her strenge Observatorium befindet sich in einer ehemaligen Windmühle, was von außen kaum mehr zu erkennen ist. Es steht auf dem Puig des Molins, einem Hügel über der Altstadt, der seinen Namen ebenjenen Windmühlen zu verdanken hat. Ein modernes Teleskop ermöglicht es Interessierten, die Unendlichkeit des Weltraums zu erfahren. Und das oberhalb eines uralten Gräberfeldes, auf dem schon die Phönizier und ihre Nachfahren, die Karthager, ihre Ahnen zu Grabe trugen. Dieser Ort verströmt ein besonderes Flair – schwer in Worte zu fassen und irgendwo zwischen Transzendenz und Technik anzusiedeln.

Das Observatorium erfreut sich vor allem bei Schulklassen großer Beliebtheit, steht aber auch anderen Besuchern nach Voranmeldung offen. Die Agrupació Astronòmica d'Eivissa nimmt auch an landesweiten Forschungsprojekten teil, unter anderem wird untersucht, wo in Spanien Mikrometeoriten niedergehen. Darunter versteht man Meteoritensplitter, von denen die Astronomen vor einigen Jahren 2.000 auf Ibiza gefunden haben. Der Weltraum ist eben doch näher als gedacht, manchmal knirscht er unter den Schuhsohlen. Schätzungen zufolge nimmt das Gewicht der Erde jährlich um einige Tonnen zu, was den klitzekleinen Eindringlingen aus dem All zu verdanken ist.

Die Organisation der Sternegucker bietet interessierten Einzelbesuchern oder kleinen Gruppen nächtliche Gratis-Besuche an, um die Faszination für Astronomie mit den Gästen zu teilen. Einzige Bedingung: Man muss rechtzeitig vorab via Website einen Termin vereinbaren.

Adresse Puig des Molins, Carrer de Luci Ocolaci 29, 07800 Ibiza, Tel. +34/971391467, www.aaeivissa.com | Anfahrt über den Carrer Ramón Muntaner und den Carrer Tagomago zur Sternwarte | Öffnungszeiten Di und Do nach Voranmeldung | Tipp Das Hotel Los Molinos ist gut ausgestattet und ganzjährig geöffnet (Carrer Ramón Muntaner 60, Tel. +34/971302250).

58 Der Parc de la Pau

Oase für gewisse Stunden

Das Wasser des Springbrunnens plätschert. Die Blumen, Sträucher, Büsche und Bäume verbreiten eine Stimmung, die zum Verweilen lädt. Nicht nur anlässlich des internationalen Weltfriedenstages der Vereinten Nationen am 21. September macht es Freude, den Parc de la Pau (Park des Friedens) in Ibiza-Stadt zu besuchen. Diese im neuen Teil der Stadt gelegene Gartenanlage ist vor allem bei Einheimischen beliebt und auch bei Ankömmlingen oder Abreisenden, die sich vom nahe gelegenen Busbahnhof aus der quirligen Mittelmeerstadt nähern oder ihr Adiós sagen.

Lotterieverkäufer machen hier viel Umsatz, Mütter oder Großeltern mit Kinderwagen gehören ebenso zum Bild. Viele Passanten legen im Schatten der ganzjährig grünen Palmen und Nadelbäume eine wohlverdiente Pause ein. Wer die Gegend um die zentrale Drehscheibe der Neustadt erkunden möchte, dem sei ein Abstecher in die umliegenden Straßen oder der Besuch eines der zahlreichen Cafés empfohlen, wo die Preise auf ein erträgliches spanisches Normalniveau schrumpfen und die Qualität von Speisen und Getränken im inselweiten Vergleich konstant, wenn nicht besser ist.

Passend zum Namen des Parks wurden die im Zentrum gelegenen Wasserspiele gestaltet: In 16 Sprachen ist an den Mauern des Springbrunnens das Wort »Frieden« zu lesen – von Katalanisch über Russisch bis hin zu Französisch. Über die Lettern tanzt – je nach Tageszeit, Wolken und Wetter – das Licht des Südens. Der Parc de la Pau ist ein durchweg gelungenes und stimmiges Symbol für den Weltfrieden, wie es auf den Baleareninseln nur selten zu finden ist. Den künstlerischen Akzent setzt eine Skulptur des Bildhauers Miguel Berrocal: drei weibliche Allegorien des Friedens. Ab und an verschlägt es sogar Überlebende ibizenkischer Partynächte in diese Gegend. Und so suchen hier bisweilen erschöpfte Genießer im Outfit eines Matadors oder einer Dragqueen ihren Frieden bei einem erholsamen Schläfchen.

Adresse S'Eixample, 07800 Ibiza | **Anfahrt** in der Nähe des Busbahnhofs | **Tipp** Im nahe gelegenen Rincón Latino kann man sich mit kolumbianischer Küche vertraut machen (Avenida Isidor Macabich 72, Mi–Mo).

59__Das Piraten-Denkmal

David gegen Goliath

Jedes Schulkind auf den Pityusen kennt Antoni Riquer y Arabí. Wer bei uns an Piraten denkt, kommt schnell auf die Namen Johnny Depp, Marlon Brando oder Errol Flynn. Antoni Riquer (1773–1846) war aber kein Schauspieler, sondern ein echter Pirat, der ein überlegenes Schlachtschiff aus England besiegt hat. 1806 kaperte Arabí mit seinen ibizenkischen Freibeutern das Kriegsschiff Felicity – eine Heldentat, an die an mehreren Orten auf Ibiza erinnert wird, unter anderem in der Kirche von Sant Miquel de Balansat, wo sich in der Capilla de Benirrás Seefahrerfresken finden, die Riquers Glanztat veranschaulichen.

Das eindrucksvollste Denkmal wurde dem Korsaren jedoch im Hafen von Ibiza-Stadt errichtet, wo an der Plaça d'Antoni Riquer ein Obelisk aus dem Asphalt wächst, der schön mit den Masten der nahe gelegenen Yachten harmoniert. Der Sohn der Insel soll rund 100 feindliche Schiffe bezwungen haben, berühmt wurde er jedoch mit dem Sieg über die Felicity, die aus dem damals bereits britischen Gibraltar aufgebrochen war und vor Waffen nur so strotzte. Es soll ein Kampf »David gegen Goliath« gewesen sein, den der damals 33-jährige Arabí zum Guten wendete. Während des Gefechts verlor er seinen Vater, der darauf bestanden haben soll, in diese Schlacht zu ziehen.

Der Obelisk wurde 1915 aufgestellt. Er steht auch für die anderen mutigen Seemänner der Pityusen, die es im 17. Jahrhundert satthatten, immer wieder von osmanischen, nordafrikanischen und europäischen Freibeutern überfallen und ausgeraubt zu werden, und den Spieß einfach umdrehten – das Ganze mit Duldung der spanischen Krone, die die ibizenkischen Corsarios bis Mitte des 19. Jahrhunderts mit Kaperbriefen ausstattete. Riquer und seine Mitstreiter waren sozusagen Räuber mit Freibrief – sie lebten wild und sehr gefährlich. Riquer wurde 73 Jahre alt, was angesichts seines Berufsrisikos beachtenswert ist – Respekt!

111 Dinge über Katzen die man wissen muss
Holger und Roland Grumt Suárez
111 Dinge über Affen die man wissen muss
Pierre Thomas
111 Schweizer Weine die man getrunken haben muss
111 Amphibien die täglich unsere Welt verbessern
emons:
Entdecken fängt zu Hause an
Jens Dreisbach
111 Gins die man getrunken haben muss
Jens Dreisbach
111 Cocktails die man getrunken haben muss
Thomas Fuchs
111 Deutsche Biere die man getrunken haben muss
Bernd Imgrund
111 Whiskys die man getrunken haben muss
Carsten Henn
111 Deutsche Weine die man getrunken haben muss
Martin Droschke
111 Biere aus Altbayern und Bayerisch-Schwaben die man getrunken haben muss

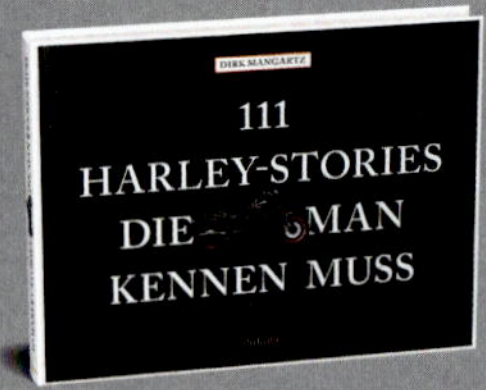

ISBN 978-3-7408-0939-3
€ D 25,00/€ A 25,70

ISBN 978-3-7408-0680-4
€ D 25,00/€ A 25,70

111 MAL ON THE ROAD

ISBN 978-3-95451-912-5
€ D 25,00/€ A 25,70

ISBN 978-3-7408-1442-7
€ D 30,00/€ A 30,90

ISBN 978-3-95451-912-5
€ D 25,00/€ A 25,70

ISBN 978-3-7408-0938-6
€ D 25,00/€ A 25,70

Adresse Plaça d'Antoni Riquer, La Marina, 07800 Ibiza | **Anfahrt** direkt an der alten Estació Marítima gelegen | **Tipp** Auch die Estació Marítima mit ihren Fähragenturen und Abfertigungsschaltern ist einen Besuch wert.

60__Die Plaça de sa Drassaneta

Zwei Gesichter eines ehemaligen Szeneviertels

Das Viertel Sa Penya in Ibiza-Stadt war bereits die einzig wahre Meile der LGBTQ+-Bewegung, als dieser Begriff noch gar nicht geläufig war. Noch früher wohnten dort andere einst an den Rand Gedrängte, und zwar jene, die nicht in die von der Festung geschützte Oberstadt durften: Bettler, Sinti und Roma, arme Handwerker und Fischer, Arbeitslose. Später kamen Künstler aus aller Welt hinzu, die sich mit den Alteingesessenen in einer friedlichen und toleranten Nachbarschaft arrangierten.

Die Besonderheit Sa Penyas ist seine Ambivalenz: Top renovierte Immobilien wechseln mit halb verrotteten Fassaden – das einstige In-Viertel pendelt zwischen Glamour und Ruin. Besonders gut ist das auf der Plaça de sa Drassaneta zu sehen. Wer sich dort etwas Zeit nimmt, wird den auf Flower-Power getrimmten Carrer de la Virgen erleben, ansprechend dekorierten Geschäften mit freundlichem Personal begegnen und schnell mit den Leuten ins Gespräch kommen. Wer indes nach oben Richtung Soto blickt, erkennt: Hier ist der Lack ab!

Zusammen mit Sitges nahe Barcelona war Sa Penya jahrzehntelang das Eldorado für Lesben und Gays. Aber was früher Szene war, ist zur Touristenattraktion für Neugierige oder gar Verklemmte degeneriert, und Szenezugehörige sind im Carrer de la Virgen (eigentlich Carrer de la Mare de Déu) nur mehr wenige anzutreffen. Die Lokale und Geschäfte in Sa Penya gelten Insidern als überteuert, wer abends ein Lokal besuchen möchte, soll dies dennoch ruhig ausprobieren.

LesbianGayTransgender-Partys gibt es inzwischen an vielen Orten Ibizas, überhaupt scheint auf den Pityusen das postsexuelle Zeitalter Einzug gehalten zu haben, heißt: Hier kann jeder das leben, was er möchte. Und das gilt nicht nur im Carrer de la Virgen. Aber genau dort hat eben alles angefangen.

Adresse Sa Penya, 07800 Ibiza | Anfahrt dem Carrer Lluís Tur i Palau am alten Hafen bis zum Obelisk folgen, dort rechts abbiegen und via Carrer Emili Pou sowie Carrer Josep Verdera laufen, dann links in den Carrer Mare de Deú | Tipp Die Bar Sunrise Eivissa trägt ihre Öffnungszeiten bereits im Namen – einer der wenigen Nachfolger der legendären Bar Leon (Carrer Mare de Déu 44).

61 Die Plaza de Toros

Wo früher Stierblut floss, toben heute Kinder

Was hat die blutige Angelegenheit des Stierkampfes mit Pippi Langstrumpf zu tun? Auf Ibiza besteht da ein interessanter Zusammenhang. Im Jahr 1960 wurde im Sumpf Ses Feixes mit dem Bau der Plaza de Toros begonnen – die jedoch alsbald für anderweitige Veranstaltungen genutzt wurde. Zum Beispiel für ein Musical über die Heldin der unvergessenen Astrid Lindgren, die mit der Mädchenfigur ein Sinnbild für kindliches Selbstbewusstsein und das Recht auf eine unbeschwerte Kindheit geschaffen hat.

Die Stierkampfarena wurde in den bauwütigen 1960er Jahren im damals noch abseits des Zentrums gelegenen Areal hochgezogen, 1985 musste sie schließen. Die blutige und heutzutage etwas krude anmutende Angelegenheit des Stiergemetzels fand auf der Insel der Liebe schlichtweg keinen Zulauf. Und so kam in der Arena nicht nur die sommersprossige, lustig-freche Pippilotta Viktualia Rollgardina Pfefferminz Efraimstochter zu ihrem Auftritt, sondern auch Rastafari Bob Marley, der 1978 hier seinen einzigen Spanienauftritt gab. »Get up, stand up, stand up for your right«, dröhnte es damals Erzählungen zufolge durch die Arena, und auf den Rängen dröhnten sich nicht wenige mit ganz anderen Sachen zu. Konzerte von Eric Clapton, Rafael Farino und anderen folgten, schließlich musste die Plaza de Toros, die auch mal als Parkplatz genutzt worden war, in den 1990er Jahren der Stadterweiterung weichen. Nun befindet sich dort, wo früher Bullen bluteten und Toreros rote Tücher schwenkten, ein großer Kinderspielplatz. In den umliegenden Cafés und Bars kann man sich stärken.

Wer sich nach einem nostalgischen Ausflug abseits der ausgetretenen Touristenpfade in Ibiza-Stadt sehnt, kann ins Neustadtviertel schlendern, sich den Spielplatz angucken und einem der Hits von »Bob Marley & The Wailors« lauschen. Wer Nachwuchs hat: Der Spielplatz ist schattig und mit modernem Spielgerät ausgestattet.

Adresse Spielplatz an der Kreuzung Carrer des Bisbe Abad y Lasierra und Carrer de Josep Zornoza Bernabeu, Ses Feixes, 07800 Ibiza | **Anfahrt** der Avinguda d'Espanya in Richtung Sant Josep de sa Talaia folgen und noch vor dem Gebäude des Consell Insular rechts in den Carrer Bisbe Abad einbiegen | **Tipp** Im Café Cibeles kann man die musikalische Zeitreise geruhsam ausklingen lassen (Carrer de Fra Vicent Nicolau).

62 Die Plaça del Sol

Lichtgestalt der Oberstadt

Frei nach dem Weimarer Vielreisenden und Großschriftsteller Johann Wolfgang von Goethe soll dieser Platz in Dalt Vila als Ort bezeichnet werden, an dem die Zitronen und Orangen leuchten. Und die Früchte leuchten hier wirklich besonders hell, denn auf dem Platz, der eher wie die riesige Terrasse eines Palastes wirkt, hat die Sonne Raum, um ihre Wirkung voll zu entfalten. Diese erfreuliche Tatsache ist wohl dem Umstand zu verdanken, dass der Aussichtspunkt Anfang des 20. Jahrhunderts der alten Stadtmauer abgetrotzt wurde, die an dieser Stelle zurückgebaut wurde.

Die Brüstung an der Stirnseite des Platzes ist bei Flaneuren sehr beliebt – dort verweilen sie, schauen auf den Hafen, wo die großen Schiffe liegen, kleine Segelboote schaukeln und Fähren ihre Kielspuren ziehen. Die meisten Besucher der Plaça del Sol zücken dann das Handy oder die Kamera, um das eine oder andere zauberhafte Bild festzuhalten. Auch nach Sonnenuntergang, denn dann ist der Hafen gut beleuchtet.

Selbstverständlich ist das Restaurant, vor dem die Zitronen und Orangen so einladend stehen, ein geeigneter Ort, um einen Sundowner zu nehmen. Leider sind sich die Gastronomen der Plaça des Charmes ihres Standortes durchaus bewusst, sodass der Cocktail oder das Glas Wein einen hier teurer zu stehen kommt als um die Ecke im Carrer des Portal Nou. Günstiger als auf der Restaurantmeile gleich oberhalb der Puerta de ses Taules ist es dennoch.

Was unbestritten der größte Vorzug dieses Ortes ist: Die Plaça del Sol ist der mit Abstand am wenigsten frequentierte *mirador* (Aussichtspunkt) der Oberstadt. Und so kann man hier im Schatten der Bäume Kinder spielen sehen und daneben Katzen beobachten, die sich genussvoll im Licht der Sonne räkeln. Andernorts in Dalt Vila fehlt Kindern und Tieren dafür schlichtweg der Raum – wer kann schon inmitten Hunderter kamerabewaffneter Touristen entspannen?

Adresse Dalt Vila, 07800 Ibiza | **Anfahrt** durch das Portal Nou zur Sonnenterrasse | **Tipp** Für einen gepflegten Drink empfiehlt sich das Restaurante Plaza del Sol (Tel. +34/971390773).

63 Die Plaça des Parc

Ibizas öffentliches Wohnzimmer

Capoeira-Meister nehmen Anlauf und schrauben sich zum Salto in die Luft, hübsch herausgeputzte Ibicencas und ihre Verehrer flirten an den Tischen unter den Palmen, Bettler trinken Dosenbier – das ist die Plaça des Parc am frühen Abend. Das Besondere an diesem Bilderbuch-Platz ist, dass sich hier das Alltagsleben der Bevölkerung und die Urlaubsfreuden der Touristen völlig zwanglos mischen.

Der Platz geht im historischen Reichtum der Insel fast unter, ist er doch – ja, man muss dieses unelegante Wort benutzen – eingequetscht zwischen dem gediegenen Passeig Vara de Rey und der Renaissance-Stadtmauer. Die Plaça des Parc ist sozusagen das Stiefkind der Stadterweiterung. Die Top-Sehenswürdigkeiten von Ibiza-Stadt liegen andernorts, weshalb die meisten Reiseführer diesen Platz nicht erwähnen. Doch das ist ein Fehler, weil nicht nur die Plaça, sondern das ganze Viertel Dreh- und Angelpunkt des Insel-Alltags ist: Hier verbringen tagtäglich viele Angestellte und Arbeiter ihre Mittagspause, in den Straßen der Umgebung befinden sich einige wichtige Behörden, hier erinnern Denkmäler an wichtige Töchter und Söhne der Stadt, und hier lassen sich auch die besten Büchereien mit reichlich Lesestoff auf Deutsch, Italienisch und Englisch entdecken.

Die autofreie Plaça des Parc ist deshalb für Kenner das Juwel der schachbrettartig angelegten Neustadt. In dem gut Fußballfeld-großen öffentlichen Wohnzimmer Eivissas reiht sich Bar an Bar, Café an Café, Restaurant an Restaurant. Lebendiger geht es kaum. Die Ostseite wird markiert vom Hostal Parque, in dem man auch frühmorgens eine Flasche Wein oder ein Bocadillo bekommt, bevor die ersten Frühstücksgäste auftauchen. An der Westseite liegt ein kleiner Supermarkt mit sehr langen Öffnungszeiten. An die Verkaufsräume schließt sich das ehemalige Teatro Pereyra (siehe Ort 74) an, gegenwärtig die Livemusik-Bühne Nummer eins der Stadt!

Adresse Sa Capelleta, 07800 Ibiza | **Anfahrt** zwischen Stadtmauer und Passeig Vara de Rey | **Öffnungszeiten** Cafés ab 10 Uhr bis weit nach Mitternacht geöffnet | **Tipp** Das Hostal Parque bietet stilvoll und solide eingerichtete Doppelzimmer auf dem Dach, was einen schönen Ausblick verspricht (Plaça des Parc 4, www.hostalparque.com).

64 Der Poseidon-Kopf

Griechische Spuren in Dalt Vila

Obwohl die Hellenen die erste Handelsmacht im Mittelmeerraum waren, unterließen sie es, auf den Pityusen eine Handelsstation zu gründen. Dennoch haben sie auf Ibiza ihre Spuren hinterlassen, der Poseidon-Kopf auf weiß-blauem Hintergrund an der Fassade der Casa Amadeus in Dalt Vila ist ein Beispiel hierfür.

Nicht nur der Name »Pityusen« (vom griechischen »Nesoi Pityoussai« – die Pinienreichen), sondern auch die ersten Beschreibungen der Inseln sind den Griechen zu verdanken. So bediente sich Diodorus von Sizilien, der im 1. Jahrhundert vor Christus über Ibiza schwadronierte, laut Historikern eindeutig griechischer Quellen. Sein Fernurteil lautete: »Die Insel ist klein, und ihre Fruchtbarkeit ist mittelmäßig. Wein und Oliven werden angebaut. Es gibt eine Stadt namens Ebusus [...] Die Insel wird von vielerlei Barbaren bewohnt, hauptsächlich Phöniziern.« In der Tat lebte auf Ibiza bereits damals ein Völkermix – die Ureinwohner der Talayot-Kultur, benannt nach den Türmen der prähistorischen Siedlungen, hatten sich längst mit den Phöniziern gemischt. Die Griechen hielten die Phönizier allerdings für unkultiviert. Womöglich aus Arroganz, denn die Griechen waren unbestritten die Ersten, die ein Netz aus Handelsstützpunkten im Mittelmeer knüpften – die aufstrebenden Phönizier wiederum waren sozusagen Zweiter und mussten sich mit Häfen begnügen, die den Hellenen nicht gefallen hatten. Die Balearen gerieten komplett unter den Einfluss der Phönizier.

Dass sich in Dalt Vila neben dem Poseidon, dem Gott des Meeres, der Seefahrer und des Windes, eine griechisch-orthodoxe Kirche befindet, liegt an den Freiheiten, die wir der Europäischen Union verdanken. Auf den Pityusen arbeiten während der Saison sehr viele Rumänen orthodoxen Glaubens. Ihnen hat die katholische Kirche das kleine Gotteshaus hoch oben in der Altstadt überlassen, damit sie ihren Glauben auch in der Fremde auf ansprechende Art und Weise praktizieren können. Ein schönes Beispiel ibizenkischer Toleranz und ein Vorbild für viele andere Orte dieser Welt.

Adresse Carrer de Sant Josep 2, Dalt Vila, 07800 Ibiza | Anfahrt zu Fuß über die Plaça de Catedral und den Carrer Mayor zur Casa Amadeus | Tipp Es bietet sich ein Besuch der Església de l'Hospital gleich neben dem Poseidon an. Das Gotteshaus, erbaut Anfang des 18. Jahrhunderts, diente dem Museu d'Art Contemporani als Dependance, bevor es die griechisch-orthodoxe Gemeinde auf Ibiza wieder als Kirche nutzte.

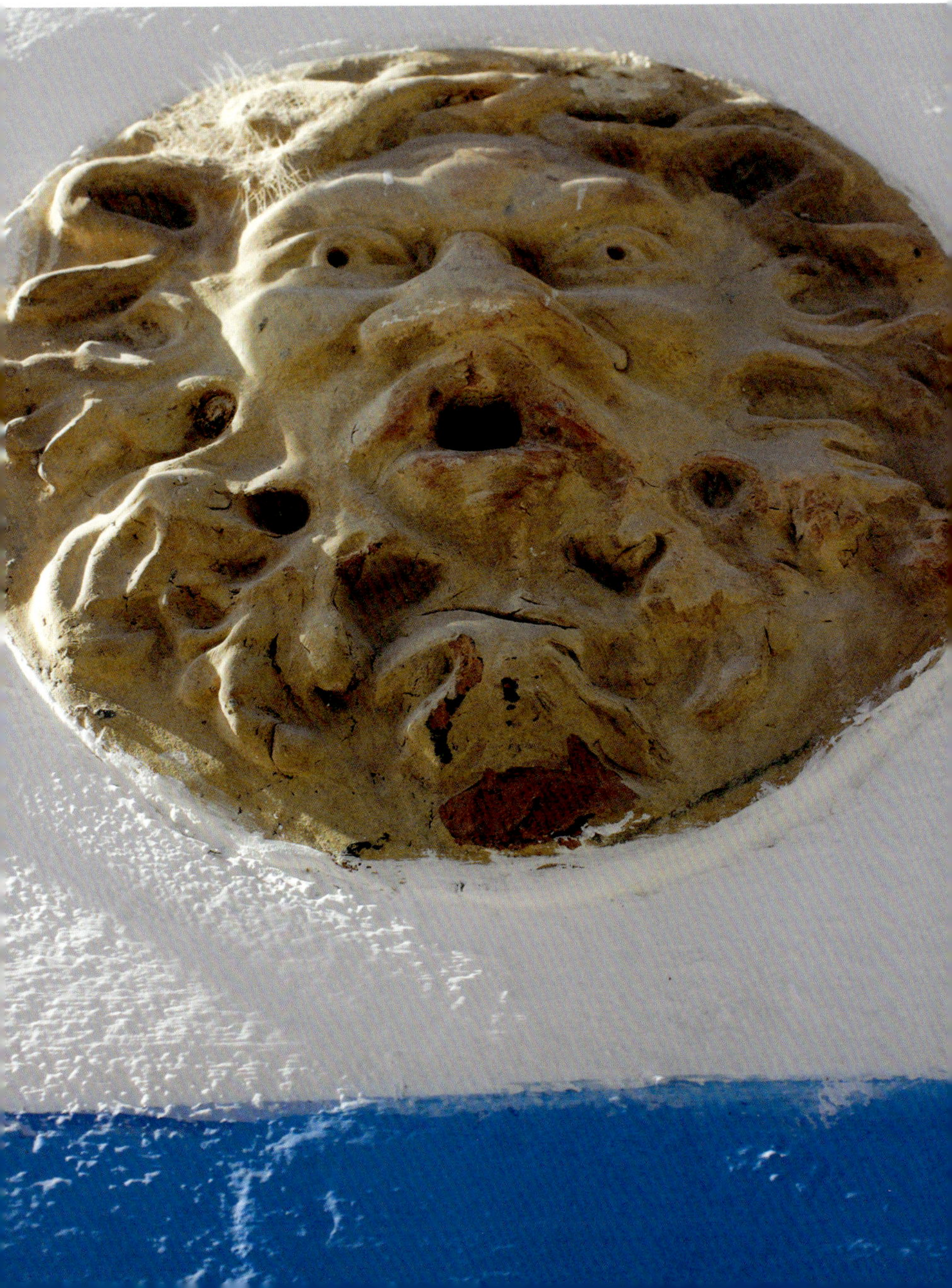

65 Die Promi-Mauer

Händchen halten mit Penelope

Hand aufs Herz: Welcher Kinofan hat nicht schon mal davon geträumt, mit Penelope Cruz zumindest einmal Händchen zu halten. Die gute Nachricht ist, dass dies auf Ibiza jedem vergönnt ist. Denn in Dalt Vila hat die spanische Schönheit die Abdrücke ihrer Hände an einer Hausmauer hinterlassen, und jeder Passant kann seine Hand in die der Schauspielerin legen.

Gleich unter Penelope, die laut Regenbogenpresse nach wie vor glücklich mit ihrem Kollegen Javier Bardem verheiratet ist, befinden sich übrigens Udo Lindenbergs und Nina Hagens Handabdrücke, sodass sich der Besuch der Mauer des ehemaligen Film-Hotels Palacio auch für Fans deutschsprachiger Hits lohnt. Die US-Sängerin Bonnie Bianco und der Schweizer Filmhistoriker Hervé Dumont haben sich ebenfalls hier verewigt.

Wer sonst noch an der »Wall of Fame« vertreten ist, soll nicht verraten werden. Der Weg durch die Altstadtgassen lohnt sich auf alle Fälle, weil für jeden etwas geboten ist. Anfang 2023 wurde die Gasse, in der die Wall of Fame von Ibiza liegt, gerade renoviert. Die Arbeiten standen jedoch bereits kurz vor dem Abschluss.

Wem das hinter der Mauer liegende Haus aktuell gehört, ist ein wohl gehütetes Geheimnis. Einst war es im Besitz eines Schweizer Investors und beherbergte ein Hotel namens El Palacio. Nun schlängeln sich prächtige Bougainvilleen um die Tafeln, die liebevoll gepflegt werden. Weil auch Promis ein Recht auf Privatsphäre haben, wird davon abgeraten, an der Tür des Anwesens zu klingeln, denn eine Kamera überwacht den Eingangsbereich, und die spanische Polizei ist nicht gut auf Ruhestörer zu sprechen. Ohnehin wird man in der ein oder anderen Promi-Bar oder Disco einige berühmte Menschen zu Gesicht bekommen. Wenn sich eine Oscar-Preisträgerin wie Penelope Cruz darunter befände, dann wäre das allerdings selbst auf der sogenannten Promi-Insel Ibiza ein Glücksfall.

Adresse Carrer Conquista 1, gegenüber Hausnummer 3, Dalt Vila, 07800 Ibiza | Anfahrt nahe der Plaça de la Catedral, über den Carrer Mayor erreichbar | Tipp Die Capella de Sant Ciriac im Carrer San Ciriac ist leicht zu übersehen. An dieser Stelle soll 1235 der erste Spanier die Festung der Mauren betreten haben. Reconquista pur.

66 Die Puerta de la Traición

Schlupfloch durch die Stadtmauer

Die Puerta de la Traición, das »Tor des Treuebruchs«, beschäftigt seit Langem die Phantasie der Einheimischen. Es soll dem Herrscher des maurischen Yabisa ermöglicht haben, rasch von der befestigten Oberstadt hinunter zu seiner Geliebten zu gelangen. Yabisa – so hieß Ibiza während der arabischen Epoche, als es Teil von al-Andalus war, eines Großreichs, das sich von Nordafrika über die Iberische Halbinsel bis nach Südfrankreich erstreckte. In sicherem Abstand zum gewöhnlichen Volk regierten die Almojarifen, wie die Statthalter der Emire und Kalifen genannt wurden, hinter dicken Mauern, wo sich auch der Alcazar (Palast) samt Garten und die Moschee befanden. Die Puerta de la Traición liegt auf dem Abzweig zum Portal Nou rechts hinter einer verschlossenen Holztür.

Die Festung hatte unter den Almojarifen noch nicht die Ausmaße unserer Zeit, aber sie war durchaus eine imposante Erscheinung, wie alte Skizzen belegen. Was genau sich heute, rund 800 Jahre nach dem Ende der arabischen Epoche auf den Pityusen, hinter der Tür abspielt, entzieht sich unserer Kenntnis. Doch der Phantasie sei freier Lauf gewährt.

Die Mauren, die sich um das Jahr 700 des byzantinischen Ibizas bemächtigten, pflegten ohnehin eine Kultur der Toleranz. Sie etablierten die erste Hochkultur im mittelalterlichen Europa, brachten Mandeln, Zitrusfrüchte und moderne Bewässerungstechniken auf die Insel. Jeder im Reich durfte ungestört seinen Glauben praktizieren, solange er eine Art Kopfsteuer entrichtete, die im Volksmund Ungläubigensteuer genannt wurde.

Erst ganz am Ende der arabischen Epoche wurden die Herrscher radikal – es waren die Dynastien der Almoraviden und Almohaden, beide aus kriegerischen Nomadenstämmen hervorgegangen, die sich als strenge Sittenwächter zeigten. Zu dieser Zeit dürfte der Geheimgang durch die Stadtmauer nicht mehr ganz so ungefährlich für die Almojarifen gewesen sein.

Adresse gegenüber dem Café S'Escalineta, Carrer des Portal Nou 10, 07800 Ibiza | Anfahrt vom Parkplatz an der Universität zum Portal Nou | Tipp Auf dem Vorplatz der Universität finden auf einer Freiluftbühne im Sommer häufig Konzerte statt. Auch das Unigebäude selbst, das sich an den Hügel schmiegt, kann besichtigt werden.

67 Der Puig de Corb Mari

Refugium eines Liebespaars

Rafael Alberti zählte zu den Poeten der »Generación del 27«, die von vielen Spaniern als Nationalheilige verehrt werden. Auf Ibiza erlebte er im Sommer 1936, frisch verliebt in die Autorin María Teresa León, sechs Wochen der Leidenschaft – und der Furcht. Denn das Paar wurde von der Nachricht der Ermordung des Dichter-Kollegen Federico García Llorca und dem Ausbruch des Spanischen Bürgerkriegs (1936–1939) überrascht. Spaniens dunkelste Zeit mit von Nationalisten wie Falangisten zu verantwortenden Massakern erschütterte auch Ibiza. Gerade zu Beginn des Krieges gab es auf den Pityusen schauderhafte Massenerschießungen. León und Alberti waren hin- und hergerissen zwischen Liebestaumel und Angst und suchten Zuflucht auf dem Puig de Corb Mari. So beschreibt es der preisgekrönte Autor Antonio Colinas.

Der in Cádiz geborene Alberti (1902–1999) erwies sich früh als künstlerisches Talent. In Madrid wandte er sich der Poesie zu und engagierte sich in der kommunistischen Partei. Nach dem sechswöchigen ibizenkischen Sommer wanderte er 1939 nach Paris aus, floh über Rom nach Argentinien und lebte nach Ende des Zweiten Weltkriegs in Italien. Nach Francos Tod kehrte Alberti 1977 nach Spanien zurück und wurde Abgeordneter des ersten frei gewählten Parlaments.

Erst 1987 kam Alberti wieder nach Ibiza, angeblich mit Tränen in den Augen. Er erinnerte sich daran, wie er mit seiner Lebensgefährtin María vom Corb Mari auf die damals weitgehend unbebaute Platja d'en Bossa und die Salinen schaute, die man noch heute so sieht wie einst der Dichter. Die Salzwasserbecken waren für ihn ein Anblick, »als füllte sich die leuchtende Landschaft mit lauter Augen«. Albertis Verse reihen sich wie Phrasen eines Musikstücks aneinander. Im »Canción 45« heißt es: »Insel des Pinienblaus, Insel der Feigenbäume […] Und im Meer murmelt der Sand, umwälzend, murmelt das Meer im Sand.«

Adresse Puig des Corb Mari, südliches Ende der Platja d'en Bossa, 07800 Ibiza | **Anfahrt** mit dem Auto über die Avinguda de Sant Jordi, führt vom Verkehrskreisel an der westlichen Stadtzufahrt Richtung Süden | **Tipp** Der Torre de sa Sal Rossa, auch Torre des Carregador genannt, steht sozusagen als Wächter unterhalb des Puig des Corb Mari. Er ist rund 13 Meter hoch und hat bis zu 4 Meter dicke Mauern.

68 Das Raymar Fotostudio

Das legendäre Geschäft hortet wahre Schätze

Wer die Pityusen als fotografisches Kunstwerk erleben möchte, besuche die Instagram-Seite von Rafa Dominguez. Der Profifotograf zeigt die Inseln in einem Licht, das sich wohl nur jenen offenbart, die hier leben und obendrein ein feines Gespür für Kompositionen haben. Der Insta-Account heißt estudio_raymar_foto.

Der Lichtbildner und Fotoatelier-Inhaber trat erfolgreich in die Fußstapfen seines Vaters Antonio. Dieser hat für zahlreiche Bildbände, die spanische Nachrichtenagentur EFE, die Magazine »Panorama«, »Stern« sowie die Tageszeitungen »Daily Mirror« und »La Vanguardia« fotografiert und damit das Bild der Pityusen über Jahrzehnte hinweg geprägt. Antonio Dominguez war das Auge einer Epoche, der Zeit vor der Bilderlawine des Digitalen.

Im Jahr 1963 eröffnete Rafas Vater sein erstes Studio am Passeig Vara de Rey. Heute führt der Sohn das legendäre »Raymar Fotostudio« weiter und besitzt einen zeitgeschichtlichen Bilderschatz der Pityusen, der seinesgleichen sucht. Das Geschäft befindet sich inzwischen wenige hundert Meter vom Vara de Rey entfernt. Von außen sieht es wenig spektakulär aus, man ahnt nicht, welche Pretiosen es birgt: die noch nahezu unverbaute Platja d'en Bossa, Promis ohne Ende, traditionelle Bauernfeste, die noch Volkskultur waren und nicht pure Folklore für Touristen.

»Ich bin inmitten von Entwicklerflüssigkeit aufgewachsen, da kam mein Interesse für die Fotografie ganz von allein«, scherzt Rafa Dominguez, der als Fotoredakteur und Grafiker für die Inselzeitung »Diario de Ibiza« arbeitete. 1996 schließlich begann er im Studio seines Vaters. Als Geschäftsinhaber habe er kaum mehr Zeit, selbst zu fotografieren, zu sehr halte der Job ihn auf Trab, bedauert er. Auch wenn ein Fotostudio im digitalen Zeitalter keine Lizenz zum Gelddrucken ist, die gute alte Fotografie und vor allem die Gabe des Blicks leben weiter in den Aufnahmen von Rafa Dominguez.

Adresse Via Púnica 16, Sa Capelleta, 07800 Ibiza, Tel. +34/971393095 | Anfahrt Beginn der Via Púnica nahe dem Passeig Vara de Rey, Fotostudio auf Höhe des Carrer de Lleó | Öffnungszeiten Mo–Fr 10–13.30 und 17–20.30 Uhr, Sa 10–13.30 Uhr | Tipp Die Ausgrabungsstätte Sa Capelleta, wo Phönizier, Römer und Mauren ihre Spuren hinterließen, verdient alle Aufmerksamkeit (Kreuzung Carrer Joan Planells und Carrer Sa Capelleta).

69 Die Römer-Statuen

Zwei kopflose Zeugen von 600 Jahren währender Macht

Wenige Spuren zeugen von der Herrschaft des römischen Imperiums auf Ibiza und Formentera, die immerhin von 200 vor bis 400 nach Christus dauerte. Die wichtigsten Relikte des römischen Ebusus (Ibiza) sind die beiden Figuren, die das große Tor der Stadtmauer bewachen. Links und rechts der Porta de ses Taules, zu der eine große Rampe hinaufführt, stehen sie in zwei Nischen. Die eine Statue stellt die Göttin Juno dar, die andere einen Legionär – beiden fehlen die Köpfe. Auch die Originale aus Marmor zeigen sich kopflos, sie sind im Archäologischen Museum ausgestellt.

Wie in fast allen eroberten Territorien legten die Römer auch auf Ibiza Straßen an und ließen über Aquädukte Süßwasser in die Städte fließen. Im Westen bauten sie einen zweiten Hafen. Aus dem neuen Portus Magnus entwickelte sich im Laufe von Jahrhunderten Sant Antony de Portmany. In Santa Eulària erinnert eine Steinbrücke mit drei Bögen ans römische Imperium.

Die große Tafel über dem Tor hat ebenfalls Interessantes zu erzählen. Die Worte huldigen Philipp II., zum Zeitpunkt der Fertigstellung des Tores - 1585 - ein König mit großer Machtfülle im Mittelmeerraum. Er nannte unter anderem Kastilien, León, Aragon, Sizilien, Burgund, Portugal, Brabant, Flandern, Tirol und Granada sein Eigen. Von der Macht des einstigen römischen Imperiums konnte aber selbst dieser König nur träumen. Bekanntermaßen ist alle Macht endlich, und auch das Römische Reich überschritt seinen Zenit. Nach der Aufteilung in Ostrom und Westrom ging es bergab, auf den Balearen musste Westrom noch in der ersten Hälfte des 5. Jahrhunderts den Vandalen weichen, die schließlich von Byzanz, sprich Ostrom, vertrieben wurden. Die nächste Herrschaftsepoche, unter der die Balearen wieder erblühten wie zuvor unter Römern, Karthagern und Phöniziern, begann um 900 nach Christus. Um diese Zeit eroberten arabische Heerscharen die Inseln.

Adresse Portal des ses Taules, oberhalb des Mercat Vell, 07800 Ibiza | Anfahrt über den Carrer d'Antoni Palau direkt auf die Rampe zum Portal de ses Taules | Tipp Die Café-Konditorei Croissant Show am Mercat Vell bietet ganzjährig krosses Backwerk und annehmbaren Kaffee, und zwar bereits ab 6 Uhr früh.

70 Das Schaufenster im Kloster

Schmuckstücke von Augustinerinnen

Ibiza und Formentera sind bekannt für Modeschmuck – meist schön anzusehen, nicht ganz billig, aber im Vergleich zu Silber- oder Goldschmiede-Arbeiten eher von akutem Wertverfall bedroht. Dennoch finden Halsketten, Armbändchen, Ringe und Piercings als Mitbringsel oder Urlaubserinnerung viele Abnehmer. Schließlich gibt es das Zeug an fast jedem Strand und an jeder Ecke der Altstadt von Ibiza sowie in den viel frequentierten Dörfern Santa Gertrudis und Sant Joan de Labritja zu kaufen; ganz zu schweigen von den Hippie-Märkten in Punta Arabí oder Las Dalias und den vielen einschlägigen Boutiquen in Santa Eulària des Riu und Sant Antony des Portmany.

Am günstigsten und garantiert auf der Insel gefertigt sind Halsketten und Armbändchen jedoch hoch oben in Dalt Vila zu bekommen, und zwar im Konvent der Augustinerinnen. Die Ordensschwestern verkaufen hier neben Heiligenbildern, Plätzchen und Kuchen auch Schmuck, den sie selbst hergestellt haben – und zwar bunte, durchaus schön anzuschauende Stücke. Wer Gefallen an den wechselnden Exponaten im Schaufenster findet, klingelt einfach an der Klosterpforte und wird dann von einer der Nonnen bedient. Sehr gesprächig werden sich die Nonnen nicht zeigen, nicht umsonst haben die Ordensschwestern von den Ibizenkern den Beinamen *ses monjes tancadas* (die schweigsamen Nonnen) bekommen. Bezahlt wird in bar.

Zum Kloster, bekannt unter dem Namen »Monasterio de Sant Cristòfol«, gehört die Església Sant Cristòfol, die im 20. Jahrhundert von Grund auf erneuert wurde. Der Orden der Augustinerinnen auf Ibiza blickt auf eine lange Geschichte zurück. Gegründet wurde er im Jahr 1599, was ihn zum ältesten Orden der Pityusen macht. Ob die Schwestern und Brüder des Augustinerordens auf Ibiza schon immer so schweigsam waren, ist nicht überliefert.

Adresse Monasterio de Sant Cristòfol, Carrer Sant Ciriac 2, Dalt Vila, 07800 Ibiza, www.obispadodeiibiza.es | Anfahrt knapp 10 Minuten Fußweg von der Plaça d'Espanya über den Carrer Santa María, dann rechts in den Carrer Mayor | Öffnungszeiten täglich 10–13 und 16–20 Uhr, Messe in Sant Cristòfol um 9 Uhr | Tipp Wer nach dem Besuch bei den Nonnen Lust auf ein Eis hat, kann sich neben dem Eingang zum Convent welches kaufen. Das Personal der Eisdiele ist im Gegensatz zu den Nonnen durchaus für ein kurzes Gespräch zu gewinnen.

71 Die schönste Pinie

Taufpatin der Inseln

Die Inseln des Mittelmeers sind vor allem für zwei Bäume bekannt: den Olivenbaum und die Pinie – eine Kiefernart, die für die Pityusen (die Pinienreichen) zum Namensgeber wurde. Die Besonderheit der Insel-Flora fiel den Hellenen auf, die zwar nie das Sagen auf den Balearen hatten, aber als Seefahrervolk die Eigenarten fast aller Eilande sehr genau kannten. »Nesoi Pityoussai«, Inseln der Pinien, nannten sie die bewaldeten grün-braunen Flecken im westlichen Mittelmeer. Historischen Quellen zufolge herrschte um das 5. Jahrhundert vor Christus ein reger Handelsverkehr im Hafen von Ibosim, der »Insel des Bes«, wie die Phönizier Ibiza nannten. Schiffe aus Ägypten, Sizilien, Griechenland, Nordafrika und aus dem Mittleren Orient liefen den Hafen in der Bucht von Ibosim an.

Lange bevor die Mauren und Berber Zitrusfrüchte, Mandeln und Feigen auf den Balearen kultivierten, wurden dort Getreide, Obst und Wein angebaut, und allem Anschein nach wurde auch Vieh gezüchtet. Produkte wie Wein, Käse und Lederwaren sowie das aus heimischen Schnecken gewonnene Purpur waren die Exportschlager Ibosims.

Später gab es lange Perioden, in denen Ibiza und Formentera fast kahl waren – so viel Holz wurde für den Schiffbau geschlagen. Dies ist ein Problem, das nicht nur einst waldreiche Mittelmeerinseln haben, sondern auch größere Inseln des Nordatlantiks, zum Beispiel Irland. Der einst reiche Bestand an Pinien kehrt aktuell dank groß angelegter Aufforstungsprojekte langsam wieder zurück, zum Beispiel am südlichen Ende der Platja d'en Bossa, wo die Hügel um den Puig des Corb Mari wieder in frischem Grün leuchten. Wer sich heutzutage in den Norden Ibizas begibt, sieht wieder ausgedehnte Pinienwälder. Dass ein besonders schönes Exemplar des Baumes auf dem Vorplatz des alten Rathauses in Dalt Vila gedeiht, freut nicht nur die Besucher dieses lauschigen Ortes, sondern auch lokale Umweltschützer.

Adresse Plaça d'Espanya, Antiguo Convento, 07800 Ibiza | Anfahrt am besten durch die Puerta de ses Taules links über den Carrer des sa Carrossa und den Carrer General Balanzat zur Plaça d'Espanya | Tipp Keine fünf Minuten Fußweg entfernt lockt Ibiza Republic im Carrer Sa Creu 25 zum Shopping für Junge und Junggebliebene.

72 Das S'Escalinata

Traumhaftes Treppen-Café

Auf Treppen sitzen und bei herrlicher Rundumsicht entspannen ist selten so angenehm wie im S'Escalinata. Wer die von der Stadtmauer eingefasste Oberstadt von Ibiza durch das Portal Nou betritt, wird gleich rechter Hand auf die bunten Kissen, Sonnenschirme und Tischchen dieses entzückenden Cafés aufmerksam. Auch wenn der Rundgang durch Dalt Vila erst noch bevorsteht, hat man bereits den gemütlichsten Rastplatz entdeckt, den der alte Teil von Ibiza-Stadt zu bieten hat.

Im Inneren des S'Escalinata ist es eng, und über den wenigen Tischen der beiden Räume hängen an den Wänden kleine Gemälde, Fotografien und originelle Basteleien, die von jungen Künstlern gefertigt wurden. Bei schönem Wetter muss man nicht lange überlegen: Die Sitzkissen draußen eignen sich ideal für eine Pause. Sie sind so gemütlich, dass nicht wenige Gäste dort ein Nickerchen halten.

Die Chefin und ihr Mann stammen aus Italien und haben sich hier einen Traum verwirklicht – und ganz ehrlich, auf der Spanischen Treppe in Rom sitzt man nicht schöner als auf den Stufen von Dalt Vila, von wo aus der Blick über die außerhalb der Stadtmauern gelegenen Stadtteile La Marina, La Capelleta und S'Eixample wandert. Glanzlicht ist natürlich der große Hafen mit seinen Fährschiffen, Yachten und Fischerbooten.

Im Hintergrund läuft leise Musik, meist werden aktuelle Hits und Weltmusik gespielt. Weiterer Pluspunkt der Bar: Chefin Elena aus Turin bereitet frisch gepresste Säfte, hervorragenden Kaffee und Cappuccino sowie feine Kleinigkeiten wie Hummus und Guacamole zu. Kein Wunder, dass sich eine geplante kurze Rast schnell zu einem längeren Aufenthalt ausdehnt. Weil bis 4 Uhr morgens geöffnet ist, sitzen abends und nachts einige der unmittelbaren Nachbarn lieber in dem urgemütlichen Treppen-Café als zu Hause vor der Glotze. Das Straßentheater auf Ibiza ist allemal spannender als jede Telenovela.

Adresse Carrer des Portal Nou 10, Dalt Vila, 07800 Ibiza, Tel. +34/645753619 oder Tel. +34/971306193 | Anfahrt durch das Portal Nou zur lauschigen Treppen-Bar | Öffnungszeiten 10.30–3 Uhr | Tipp Geflochtene Hüte, Taschen und Hängematten hat José Pascual im Angebot (Carrer de Sa Creu 30).

73 Die Sidrería Miquetes

Ein Stück spanische Spielkultur

Auf Ibiza zählt das *joc* (Kartenspiel) zu den beliebtesten Hobbys der Pensionäre. Weil Rentner – auf Spanisch *jubilados* – immer ein Stündchen für eine fröhliche Runde erübrigen können, sind in der Sidrería Miquetes, einer an der Plaça Sa Graduada gelegenen Bar, vormittags und abends meist ein oder zwei Tische mit einer lautstark diskutierenden Spielergemeinde besetzt. Die Karten ähneln dem Tarock- oder Schafkopfblatt, wie es bei uns verwendet wird. Die Herren – ab und an garniert von einer Dame – spielen zu viert, meist gibt es mindestens zwei Zuschauer, die mehr oder weniger fachkundig kommentieren.

Eines der typischen katalonischen Spiele hält die Ibicencos besonders bei Laune: *La botifarra* – nicht zu verwechseln mit der gleichnamigen Wurst – stählt die Bande zwischen Bekannten und Freunden. 48 ansehnlich bebilderte Karten entscheiden über Glück, Unglück, Siegesposen oder gelassenes Scheitern – schließlich ist alles nur ein Spiel, auch wenn es hin und wieder um Euros geht.

Das Blatt bei einer *botifarra* ist von eins bis zwölf nummeriert, vier Farben erleichtern vor allem unwissenden Zuschauern des kleinen Spektakels die Orientierung. Gepunktet wird, wenn der Zufall oder die geschickte Vergabe einem Spieler bestimmte Kartenkombinationen schenkt: Diese heißen »Ass« (vier Punkte), »Rei« (König, drei Punkte) »Cavall« (Pferd, zwei Punkte), »Sota« (ein Punkt) und – der absolute Bringer – »Manilla« (fünf Punkte). Wer in die Details dieses äußerst unterhaltsamen Spiels einsteigen will, kann sich auf einschlägigen Webseiten schlaumachen.

In der Sidrería asturiana Miquetes kann man sich dazu Spezialitäten aus Asturien munden lassen. Die in der Küche mit Liebe zubereiteten belegten Brötchen schmecken ebenso gut wie die diversen Käsesorten und Würste des Hauses. Una bona botifarra es alegría! Kartenspielen kann auch Zuschauern Spaß machen.

Adresse Plaça Sa Graduada, Castilla 7, S'Eixample, 07800 Ibiza, Tel. +34/692055423 | **Anfahrt** auf der Avinguda Bartomeu de Rosselló Richtung Westen direkt zum Parkplatz an der Plaça Sa Graduada fahren | **Öffnungszeiten** täglich 9–24 Uhr | **Tipp** Enotecum bietet ebenfalls *botifarra* an, allerdings die essbare Variante – die Würste zählen zu den Delikatessen der Insel (Avinguda Isidor Macabich 43, nahe Carrer de Canàries).

74 Das Teatro Pereyra

Vorhang auf für die Zukunft

Nach Jahren der Sanierung hat für das architektonische Schmuckstück Eivissas eine neue Ära begonnen. Lange Zeit bildete die Livemusik-Bühne Teatro Pereyra den Mittelpunkt des Nachtlebens auf den Pityusen. Musiker aus aller Welt gaben hier im Sommer Gastspiele, ansonsten spielten meist Local Heroes. Dazu eine gute Bar mit Café und Frühstücksbetrieb – fertig war das Erfolgsrezept. Nun wird das 1898 erbaute Theater zu einer topmodernen Bühne mit zwei Auftrittsräumen. Im großen Saal sollen ab 2024 Musicals und Theaterstücke aufgeführt werden, im kleineren wird es eine Bar sowie eine Bühne für Livemusik geben, wie die Lokalmedien Diario de Ibiza und Nou Diari übereinstimmend berichten.

Den Umbau finanziert die spanische Grupo Empresas Matutes, ein milliardenschwerer Konzern, dem Immobilien, Hotels, Gastrobetriebe und vieles mehr gehören. Gegründet wurde das Unternehmen von Geschäftsmann und Politiker Abel Matutes Joan, der während der Franco-Diktatur Bürgermeister von Eivissa war und es danach als Mitglied des Partido Popular zum Außenminister Spaniens brachte. Auch das Pereyra zählt zum Imperium, und zwar zur Palladium Hotel Group, die von Patriarchen-Sohn Abel Matutes Prats gesteuert wird.

Benannt nach einem hohen Militär, wurde das Pereyra in seinen Anfangsjahren bald als Kino genutzt. Während der »años perdidos« unter Diktator Franco (1939–1975) fanden hier Propaganda-Veranstaltungen statt – nach wie vor ein Tabuthema bei vielen Spaniern, da der Bürgerkrieg, der mehr als eine halbe Million Tote forderte, tiefe Gräben riss, die noch heute Familien spalten. Nach dem Tod des Despoten erblühte die Demokratie, während der die Geschäfte des Abel Matutes weiter florierten. Er verpachtete das Pereyra auf Zeit und hat es nun wieder unter seine Fittiche genommen. Ob das Teatro unter seinem Sohn an den einstigen Ruhm anknüpfen kann, wird sich in nächster Zeit herausstellen.

Adresse Carrer Conde de Rosselló 3, Sa Capelleta, 07800 Ibiza, Tel. +34/971304432, www.teatropereyra.com | Anfahrt am besten zu Fuß über die Plaça des Parc zu erreichen | Öffnungszeiten siehe Website | Tipp Gegenüber bietet das Traditionsgeschäft Sombrería Bonet schicken Sonnenschutz für den Kopf.

75 Die Turmuhr

Taktgeber der Marktleute

Die Kathedrale thront über Ibiza wie die berühmte Kerze auf der Geburtstagstorte. Und als Erstes sticht die blau-weiße Uhr am wuchtigen Turm ins Auge – sie ist der einzige Farbtupfer an der glatten Ocker-Fassade. Das katholische Gotteshaus wurde auf den Fundamenten einer einstigen Moschee erbaut. So hatten es die Eroberer Ibizas Guillem de Montegrí, Pere de Portugal und Nuno Sanz nach ihrem Sieg über die Mauren im Jahr 1235 einhellig geschworen. Freilich verstrichen Jahrzehnte, bis Anfang des 14. Jahrhunderts mit dem Bau begonnen wurde.

Die Catedral de Santa María de les Neus (auf Hochspanisch Santa María de las Nieves) befindet sich am höchsten Platz der Oberstadt, die Uhr ist nachts selbst vom Hafen aus zu erkennen. Wichtiger war sie früher allerdings tagsüber, denn ab Ende des 16. Jahrhunderts diente der Vorplatz der Kathedrale als Marktplatz. Die Uhr war eine willkommene Orientierung für die Einhaltung der Marktzeiten, denn der Bischof saß gleich nebenan in der Casa de la Curia und las Käufern und Händlern die Leviten, wenn das Feilschen zu lange dauerte.

Die Römer hatten an der Stelle einen Merkur-Tempel errichtet, aus dessen Steinen in der arabischen Epoche eine prächtige Moschee entstand. Heutzutage ist die Kathedrale das älteste Bauwerk der Insel. Ursprünglich im Stil der Gotik errichtet, wurde sie im 18. Jahrhundert einer Generalsanierung samt Umbau unterzogen, man könnte auch sagen einer Barockisierung, was am strengen und kargen Äußeren samt den zwölf Strebepfeilern kaum zu erkennen ist, abgesehen vom Portal über dem Haupteingang. Innen sind die barocken Elemente unübersehbar. Der Name der Kirche – »Kathedrale der Heiligen Jungfrau vom Schnee« – ist übrigens darauf zurückzuführen, dass die Eroberung durch die drei oben genannten Herren und ihre Soldaten genau auf diesen Gedenktag des spanischen Kirchenkalenders fiel.

Adresse Catedral de Santa María de les Neus, Plaça de la Catedral 1, Dalt Villa, 07800 Ibiza | **Anfahrt** per pedes durch das Portal de ses Taules oder mit dem Auto bis zum Parkplatz unterhalb des Baluard de Santa Tecla und dann zu Fuß weiter | **Tipp** Das Museu Arqueològic neben der Kathedrale zeigt unter anderem Münzen und ägyptische Skarabäen – ein Beweis dafür, wie international die Handelsbeziehungen bereits in früheren Zeiten waren.

76 Der Ushuaïa Tower

Knallbunte Tagesdisco in Top-Design

Der Ushuaïa Beach Club ist die Antwort auf das Verbot der After-Hour-Partys, die von den Behörden wegen Exzessen aller Art untersagt wurden: Unfällen, Vergiftungen, Gewalttaten und ähnlichen Dingen, die eine Feiernacht ohne Ende mit sich bringen kann. Der Beach Club, in dem von morgens bis abends unter freiem Himmel getanzt, gelacht, gefrühstückt und gebadet wird, hat sich als brauchbarer Kompromiss zwischen perfekt organisierter, mächtiger Unterhaltungsindustrie auf der einen und Fürsorgepflicht der Politik auf der anderen Seite erwiesen. Im Ushuaïa Beach Club ist dieser Ausgleich tatsächlich gelungen: Modernes Design trifft auf Top-DJs, das Ganze lockt ein attraktives Publikum an.

Kurz nach der Eröffnung gelang es dem von A wie Anstrich bis Z wie Zeitschriftenständer durchgestylten Etablissement, große Stars für die Nachmittagsfeten zu buchen: Usher rappte für die Garten- und Poolgemeinde, und Top-DJs wie David Guetta bringen die knallbunte Crowd in Bewegung.

Wer nach einem Party-Nachmittag schlafen oder kuscheln möchte, kann sich im angeschlossenen Ushuaïa Tower Hotel ein Zimmer mieten – was je nach Andrang ein teurer Spaß ist: Etwa 1.100 Euro fürs Doppelzimmer werden im August verlangt. In der Nebensaison, etwa im Mai oder Ende September, fallen die Preise deutlich.

Im Preis sind die Club-Tickets inbegriffen, und selbstverständlich gleitet die abendliche Erholungspause – bei Bedarf – nahtlos ins Nachtleben über. So mancher Club liegt keine fünf Minuten Fußmarsch entfernt, gleich jenseits der stark befahrenen Meerespromenade. Doch man sollte bedenken, dass ein wenig Abwechslung guttut. Das gilt auch für die Nachtaktivitäten – warum nicht einfach mal durchschlafen nach so einem anstrengenden Party-Tag? Ebenso gilt: Wer lediglich die Platja d'en Bossa und ihre Clubs kennt, dem entgehen andere Locations auf der Insel, an denen es sich ebenfalls prächtig feiern lässt.

Adresse Platja d'en Bossa 10, 07800 Ibiza, Tel. +34/971902424252 | **Anfahrt** mit dem Partybus vom Hafen von Ibiza-Stadt zur Platja d'en Bossa | **Tipp** Die Platja d'en Bossa ist nicht nur Partymeile. So bietet das Wassersportzentrum Anfibios unter anderem Kurse für Taucher, Wind- und Kitesurfer an (Edificio Acapulco, Tel. +34/971303915).

77 Die Villa La Falaise

Das Atelier des großen Kunstfälschers

In der Villa La Falaise lebte der Bohemien Elmyr de Hory, der im Ibiza der Hippies und des Jetsets eine markante Größe war. Was die wenigsten wissen: Der Lebemann, der stets über viel Geld verfügte, obwohl niemand genau wusste, woher sein Reichtum kam, schuftete hart für seinen Lebensstil. De Hory fertigte in einem Geheim-Atelier in der Villa Fälschungen großer Meister an – Picasso, Matisse, Cézanne, van Gogh – de Hory kopierte sie alle.

Der gebürtige Ungar gilt als der wohl größte Kunstfälscher der vergangenen 100 Jahre. Zu seinen Lebzeiten wussten dies nur wenige, heutzutage ist seine Geschichte dank eines unterhaltsam geschriebenen Buches des US-Amerikaners Clifford Irving Allgemeingut (»Gefälscht«, im Original »Fake«). Die Betrügereien, zahlreiche Liebesaffären, sein künstlerisches Talent und die Hochstapelei machten aus dem Leben de Horys eine Tragikomödie.

Elmyr de Hory übertrifft bei Weitem den Kunstfälscher Wolfgang Beltracchi, der mit seinem autobiografischen Geständnis sogar zu einem gewissen literarischen Ruhm gelangte. De Hory dagegen muss als wahres Genie gelten, denn inzwischen werden seine eigenen Gemälde für fünfstellige Beträge verkauft, Beträge, die er bereits vor sechs Jahrzehnten für seine Fälschungen kassierte. Diese Nachahmungen waren in den meisten Fällen mit gekauften Expertengutachten garniert, sodass lange Zeit niemand wagte, den großen Schwindel aufzudecken. Angeblich soll Picasso selbst einer Picasso-Fälschung Echtheit attestiert haben. Unfassbar, aber wohl wahr.

Der Hasardeur de Hory kam nach Ibiza, als der Schwindel in seiner Heimat USA aufzufliegen drohte. Auf den Balearen fand er eine ideale Spielwiese, um seinem Treiben weiter nachzugehen, bis ein betrogener Kunstinvestor ihn zur Strecke brachte. Übrigens ist die Villa La Falaise ein Gebäude des renommierten Architekten Erwin Broner (siehe Ort 30).

Adresse Carrer al Sabini 48, Puig des Molins, 07800 Ibiza | Anfahrt Am besten per pedes über den Carrer Joan Xico den Puig des Molins hinauf | Öffnungszeiten nur von außen zu besichtigen | Tipp Einige der Vorgärten auf dem Weg den Hügel hinauf sind echte Kunstwerke der Gartengestaltung – es gibt sogar einen knallroten Gartenzwerg.

78 Das »Wash and Drink«

Ibizas wunderbarer Waschsalon

Wie hieß doch der Kinofilm, in dem zwei Waschsalonbesitzer in London zueinanderfinden? Richtig, es war »Mein wunderbarer Waschsalon« (My Beautiful Laundrette), in dem zwei junge Männer einen abgewrackten Salon mit viel Phantasie und Kreativität in ein kleines Schmuckstück verwandeln. Die Low-Budget-Produktion wurde ein Erfolg, fürs Drehbuch gab's sogar eine Oscar-Nominierung. Aber Kunst an den Wänden, hervorragender Cappuccino, frische Salate und knackiges Obst – das war im wunderbaren Waschsalon nicht drin. Doch im »Wash and Drink« auf Ibiza ist all das Realität.

Bei den Unannehmlichkeiten eines Sommers auf den Pityusen – ständiges Wechseln der Bade-, Shopping-, Ausgeh- und Sportklamotten – stellt sich die Frage, wie sich wertvolle Urlaubszeit maximieren lässt. Dafür bietet die Lavanderia einen hervorragend funktionierenden Service: Während hilfreiche Geister die Wäsche wieder duften lassen, trocknen, bügeln und schrankfertig zusammenlegen, vergnügen sich deren Besitzer beim Frühstück oder Mittagessen.

Ibizas wunderbarer Waschsalon mit angeschlossenem Bar- und Restaurantbetrieb befindet sich in einer sehr gepflegten Gegend der Neustadt. Mit dem Standort wurde offensichtlich eine Marktlücke geschlossen – denn der Service ist beliebt und viel günstiger als diesbezügliche Angebote von Hotels. Der kühle Drink und der Café con leche schmecken so gut wie in einem gehobenen Restaurant, und die ausliegenden Zeitungen und Zeitschriften verwandeln die Wartezeit in einen kurzweiligen Cafébesuch. Für den großen Hunger serviert die Küche des Wash and Drink marokkanischen Couscoussalat, Pasta und Gemüse aus dem Wok. Dazu einen rot sprudelnden Campari Soda, Säfte, Bier oder Wein. Dann bekommt man die Tüte mit der sauberen, frisch duftenden Wäsche zurück, und alles ist bereit für einen neuen Urlaubstag, der eigentlich bereits im Waschsalon-Café begonnen hat.

Adresse Avinguda d’Espanya 53, S’Eixample, 07800 Ibiza, Tel. +34/971306379 | Anfahrt einen Häuserblock vom Consell d’Eivissa entfernt | Öffnungszeiten Mo–Sa 9–20 Uhr | Tipp Gegenüber liegt die Buchhandlung Llibreria Mediterrània Eivissa. Inhaber Vicent Marí Costa spricht perfektes Englisch und nimmt sich Zeit für seine Kunden (Tel. +34/971124211).

79_El Zaguan

Kleinigkeiten mit großartigem Geschmack

Den nordspanischen Galiziern wird zweierlei angedichtet. Erstens: Sie seien verschlossene Zeitgenossen. Zweitens: Sie liebten die Natur. Zumindest Letzteres birgt wohl einen Hauch Wahrheit, denn der Besitzer des Restaurants El Zaguan stammt aus dem rauen, aber bildhübschen Norden der Iberischen Halbinsel, wo das Meer sich teilweise zu furchterregenden Wellen auftürmt und die Berge des Hinterlands im milchigen Morgennebel fast verschwinden. Diese Traumlandschaften hat er eingetauscht gegen das lieblichere Ibiza, wo die Berge und Wellen nicht halb so hoch, aber mindestens genauso schön sind.

Juan fühlt sich pudelwohl auf der Insel. Mit seinem Restaurant hat er die Kultur der Pinchos auf den Pityusen auf das höchste Niveau gehoben. Die mit allerlei Leckereien belegten Weißbrotscheiben werden je nach Wunsch kalt oder getoastet über die lange Theke gereicht. Für jeden Happen gibt es einen Strich auf der Rechnung, dazu schmecken galizisches Bier oder gute Weine aus Spanien und anderen führenden Weinanbaugebieten rund um den Globus.

Mit Speck umwickelte Datteln, salzige, in Essig eingelegte Sardellen, diverse Käsesorten, Oliven oder Meeresfrüchte-Cocktails gehören zu den Favoriten der Stammgäste, von denen es in Juans Restaurant sehr viele gibt. Es zählt nicht zu den In-Kneipen der Touristen, wird eher von Lokalmatadoren und Geschäftsleuten frequentiert. Aber Juan will das gar nicht anders, es ist kein Zufall, dass er auf Tische und Stühle im Freien verzichtet. Das Zaguan ist ein eher kühles Lokal, dessen Personal die Wärme in den Herzen trägt. Wer gegen dieses oberste Gebot des galizischen Besitzers verstößt, muss mit Ärger rechnen. Die behagliche Höhle wird von dunklem Holz und warmem Licht dominiert – und natürlich von der Glasvitrine voller Pinchos und Tapas, deren Qualität nur schwer zu überbieten ist. Wer einmal hier war, kommt immer wieder.

Adresse Avinguda Bartomeu Rosselló 15, Sa Capelleta, 07800 Ibiza | **Anfahrt** mitten im Neustadtviertel S'Eixample | **Öffnungszeiten** täglich 12.30–23.30 Uhr, im Sommer bis 0.30 Uhr, keine Reservierungen möglich | **Tipp** Bei Licores Ansieta, der Verkaufsstelle der gleichnamigen Destillerie, gibt es nicht nur hochprozentigen Kräuterlikör, sondern auch Wurst, Käse und Olivenöl (Avinguda de Santa Eulària 19).

80 Das Wildbachtal Buscastell

Wo Feuerwesen hausen

Die arabischen Eroberer haben viele Errungenschaften auf die Iberische Halbinsel und die Balearen gebracht, von denen wir heute noch profitieren. Sie errichteten ausgeklügelte Bewässerungsanlagen, sodass auf den häufig kargen Böden Zitronen- und Orangenbäume, Dattelpalmen, Aprikosen- und Mandelbäume reichlich Früchte trugen. Ein Zeugnis der landwirtschaftlichen Fertigkeiten der Mauren ist gut erhalten: Im Tal Es Broll des Buscastell finden sich noch von den arabischen Herrschern beziehungsweise ihren maurischen Soldaten und Landarbeitern angelegte Terrassenfelder. Es ist eine Landschaft, die den Besucher schlagartig in eine andere Zeit versetzt.

Das abgelegene Wildbachtal erstreckt sich zwischen Santa Agnès de Corona und dem für seine Töpferwerkstätten bekannten Dorf Sant Rafel de Forca. Obwohl Wanderer und Radtouristen es inzwischen für sich entdeckt haben, handelt es sich um eine kaum besuchte Gegend. Vor allem außerhalb der Hochsaison kann man im Es Broll des Buscastell erfahren, wo das ländliche Herz Ibizas schlägt. Das Rauschen der Wasserkanäle, alte Brunnen und eine immerwährende Blüte veredeln diesen Landstrich. »Es Broll« ist katalanisch und steht für einen Brunnen, der einer unterirdischen Quelle entspringt. Das Exemplar in Buscastell ist ein Segen für diesen Landstrich. Das üppige Grün gedeiht das ganze Jahr über, auch wenn die Quelle nur noch im Herbst und Winter und seltener – während regenreicher Zeiten – im Frühjahr und Sommer Wasser durch den Bach plätschern lässt.

So viel Grün, Vogelgezwitscher und Insektensurren haben sozusagen naturgemäß dazu geführt, dass der Volksmund um diese Gegend eine Legende gesponnen hat: Angeblich leben hier die Crespells – kleine, übernatürliche Wesen, deren Augen Feuer sprühen. Vielleicht handelt es sich bei den Crespells aber auch um Glühwürmchen oder leuchtende Katzenaugen. Am besten selbst hinfahren und herausfinden!

Adresse Es Broll des Buscastell, 07820 Sant Antoni de Portmany | Anfahrt zwischen Sant Rafel de Forca und Santa Agnès, etwa auf der Hälfte der Strecke der Beschilderung folgen und nach rechts abbiegen | Tipp Im Örtchen Sant Rafel de Forca fertigen Töpfer viele schöne Dinge. Im Geschäft Cerámicas Incardi bekommt man einen Überblick.

81 Der Espacio Micus

Besuch beim Meister der Coudrage

Im Alter von 47 Jahren entschied sich der Maler Eduard Micus (1925–2000) – damals bereits ein anerkannter Künstler – für ein Leben auf Ibiza. Das war 1972, als viele Freiheitssuchende die Insel für sich entdeckten. Micus suchte aber nicht den Rummel, denn den hatte er bereits in seiner Heimat Baden-Württemberg. Vielmehr wollte er im Licht des Südens weiter an seiner ihm eigenen Technik des Bildaufbaus arbeiten: Seit 1962 zog er eine Naht durch seine abstrakten Bilder, wofür er den Namen Coudrage (von »coudrer« – nähen) etablierte.

Das Kunstleben der Insel spielte sich Ende der 1960er, Anfang der 1970er Jahre fast ausschließlich in Galerien ab, die bereits einen internationalen Ruf genossen und spätere Größen wie Hans Hinterreiter (1902–1989) oder Emilio Vedova (1919–2006) zeigten. Zu den wichtigsten unter den vielen illustren Galeristen der aufstrebenden Kunstinsel zählten Ivan Spence und Carl van der Voort, bei denen viele Stars der Kunstszene verkehrten.

Einige interessante Stücke von Eduard Micus werden im Museum für Zeitgenössische Kunst in Ibiza-Stadt präsentiert, doch wer Micus genauer studieren möchte, muss sich auf den Weg nach Jesús machen. Über die Straße nach Cala Longa und einen schmalen Feldweg gelangt man zu Micus' einstigem Wohnhaus und Atelier. Es thront auf einem Hügel und wird heute als Museum genutzt. Das 1985 fertiggestellte Gebäude hat er selbst entworfen – licht, kantig und geradlinig, so als hätte er seine Malerei in Architektur übersetzt.

Auch nach dem Tod des Künstlers blieb das Anwesen in Familienhand. Das etwa 1.000 Quadratmeter große Privatmuseum wird nun von der Tochter des Malers betrieben, die auch Wechselausstellungen organisiert. Selbst wer sich trotz der ungewöhnlichen Technik von Micus nicht für Kunst begeistern kann, sollte diesen Ort besuchen, denn vom Hügel hat man eine sehr gute Fernsicht.

Adresse Carretera Jesús, Kilometer 3, Jesús, 07840 Santa Eulària des Riu, Tel. +34/971191923, www.espacio-micus.com | **Anfahrt** an der landschaftlich reizvollen alten Straße von Ibiza-Stadt nach Santa Eulària | **Öffnungszeiten** So 11–14 Uhr oder nach Voranmeldung | **Tipp** Nach dem Kunstgenuss sollte man ein Bad im Meer nehmen, und zwar an der Platja de S'Estanyol mit der hübschen Strandbar PK2 (März–Nov.).

82 Das Retablo

Jesús birgt ein wertvolles Altarbild

Hinter dem Hauptportal der Església Nostra Mare de Déu wartet ein kunsthistorischer Schatz darauf, entdeckt zu werden: Das geschnitzte, mit Goldblatt und Intarsien verzierte Altarbild zählt zu den größten Kirchenschätzen der Balearen. Die größte der sieben bunt bemalten Tafeln zeigt die »Mare de Déu de la Llet« – eine nährende Muttergottes. Das Retabel stammt höchstwahrscheinlich von Francisco und Rodrigo Osuna, die von Fachleuten der valencianischen Schule zugeordnet werden. Der mannshohe Altaraufsatz vereint Elemente aus Gotik und Renaissance.

Vor allem das Bild der stillenden Muttergottes ist fein ausgearbeitet, zu ihren Füßen haben sich zwei weiß gewandete Engelchen niedergelassen, die musizieren. Flankiert werden das Jesuskind und Maria von fünf festlich gekleideten Figuren, die einen schwarzgoldenen Baldachin halten. Besonders fallen die beiden Bildtafeln darüber auf: Sie zeigen Szenen aus dem Leben Franz von Assisis.

Das Gotteshaus diente zunächst als Klosterkirche, zuerst beteten dort Franziskaner, später Dominikaner. Die Arbeiten an dem von außen so schlichten Sakralbau sollen mehr als acht Jahrzehnte gedauert haben. Fertiggestellt wurde er 1549.

Die Ursachen für das Schneckentempo sind wohl in der Geschichte Spaniens zu suchen, das lange in viele Königreiche zersplittert war. Erst im Jahr 1470, nachdem Isabella von Kastilien und Ferdinand II. von Aragon geheiratet hatten, wurden die Grundlagen für ein Groß-Spanien gelegt. Ibiza und die übrigen Baleareninseln verloren bald an Wichtigkeit. Außerdem nahm die Bedeutung des Mittelmeerhandels ab, weil der Großteil der Waren und Güter nun über den Atlantik segelte. Die Gelder der Krone flossen an den Pityusen vorbei, und in der Folge hatten die Kirchen der beiden Inseln weniger Mittel zur Verfügung. Auch wenn beim Bau der Església von Jesús viel Zeit verloren wurde, auf das Retablo hat es sich gelohnt zu warten.

Adresse Kirchplatz von Jesús, 07819 Ibiza | Anfahrt von der Avinguda de Santa Eulària kommend stadtauswärts auf die Schilder nach Jesús achten | Öffnungszeiten Di–Sa 9.30–13.30 Uhr | Tipp Süßes und Salziges offeriert die Croissantería Jesús auf einer schönen Sonnenterrasse. Das Konditorei-Café liegt an der Durchgangsstraße.

83 Die Kaktushecken

Comeback einer vielseitig verwendbaren Pflanze

Feigenkaktus-Sorbet ist einer der Renner in der gehobenen Gastronomie der Pityusen und eine erquickende Erfrischung an heißen Sommertagen. Viele Köche verzieren es gern mit Minzblättern *(hierbabuena)* oder Basilikum *(albahaca)*. Die ibizenkischen Kakteen gehören zur Gattung der Opuntien. Bei Porroig gedeihen sie besonders gut – auf der weit ins Meer reichenden Landzunge stehen die prachtvollsten Exemplare der Pityusen. Und wer vom Anblick der stacheligen Hecken genug hat, kann ganz in der Nähe ein Bad in einer der malerischen Buchten nehmen.

Die Sprossen der Feigenkakteen blühen in auffälligem Gelb-Rot, und ihre säulenförmigen Stämme erreichen beachtliche Höhen. Die reifen Früchte sind aufgrund der feinen Stacheln mit Vorsicht zu ernten, denn schnell piksen einen die Spitzen – Handschuhe sind auf Ibiza zwar nicht unbedingt nötig, aber für die Kaktusernte sind sie mehr als nützlich. »Higos chumbos« heißen Kaktusfrüchte auf Spanisch, was so viel bedeutet wie Kugel-Feigen. Sie sind reich an den Vitaminen C und E und werden auch zu Kosmetiköl verarbeitet. Hat man die süßen Früchte vom Stamm gelöst, wozu Bauern meist Macheten benutzen, müssen die etwa eiergroßen Dinger erst mal geschält werden, damit das saftige Fruchtfleisch zum Vorschein kommt.

Kaktushecken sind ein guter Sichtschutz, man erkennt sie an vielen Hausmauern. Was die Kaktushecke etwas in Verruf gebracht hat, ist die Tatsache, dass Bauern sie früher für die Notdurft aufgesucht haben. Die Früchte waren zu diesen Zeiten also nicht unbedingt so »dufte« wie heutzutage. Diese Zeiten sind dank moderner Sanitäranlagen aber vorbei, und der Kaktus hat seine verdiente Aufwertung erfahren, sozusagen vom Freiluft-Klo zur Fashion-Kulinarik. Früher schlugen die Bauern die Früchte samt Stacheln von den Büschen und gaben sie den Säuen zum Fressen, heutzutage löffeln Gourmets Feigenkaktus-Sorbet – das nennt man Fortschritt.

Adresse Porroig, 07830 Sant Josep de sa Talaia | Anfahrt Straße nach Porroig zweigt von der PM-803 zwischen Eivissa und Sant Josep de sa Talaia nach Süden ab | Tipp Das Hotel Residencia Las Brisas in Porroig ist eines der Vorzeigehotels der Insel.

84 Die Cala Xarraca

Schönheit im Norden

Pinienduft, Brandungsrauschen und Stimmungen in Grün-Blau – das sind die bestimmenden Elemente eines Strandtages im Norden Ibizas. Außerhalb der Touristenzentren Portinatx und Cala de Sant Vicent gibt es sie noch, die sogenannten Traumstrände. Sind sie andernorts in der Hochsaison überlaufen, so findet man hier selbst im August vor allem eines: Ruhe! Die Cala Xarraca ist eine dieser stillen Schönheiten: knapp 100 Meter lang, Sand und etwas Kies sowie ein nettes Restaurant, das zum großen Glück auch noch Schirme und Liegen vermietet. Da stört selbst eine neue Privatvilla nicht, die am östlichen Ende entstanden ist.

Wem es hier dennoch zu langweilig wird, der kann die Gegend per pedes erkunden; westlich der Bucht führt eine kleine Straße zur Steilküste. Nach kurzer Strecke hört der Asphalt auf, und es wird holprig, dafür landschaftlich umso schöner. Der Weg verläuft parallel zur Küstenlinie und endet bei den Klippen – an einem herrlichen Aussichtspunkt. Diese Route ist eine Tour für alle Sinne. Je nach Jahreszeit duftet es nach Feigenbäumen, Pinienharz, Rosmarin oder Lavendel, den Wegesrand säumen Kakteen und Zwergpalmen, um nur einige der typischen Balearengewächse aufzuzählen. Danach ist man reif für die Rückkehr zur Cala Xarraca und einen Sprung ins Wasser.

In den Hügeln über der Bucht hat Ursula Andress, einst Bond-Girl an der Seite von Sean Connery, eine Villa besessen; einige jüngere Stars sollen sich ebenfalls an diesem Teil der Nordküste Häuser gekauft haben. Kleiner Hinweis für Paparazzi: Promi-Alarm herrscht an diesem Abschnitt der Nordküste dennoch nicht, man wird den Stars nicht begegnen. Wer berühmt ist und sich so weit von Ibiza-Stadt niederlässt, legt Wert auf Ruhe und Privatsphäre. Anders verhält sich das in Portinatx, dem Touristendorf im Norden, das gut erschlossen und bei Familien mit Kindern beliebt ist.

Adresse Portinatx, 07812 Sant Joan de Labritja | Anfahrt Bucht rund 2 Kilometer westlich von Portinatx | Tipp Die Bar S'Arena an der Straße zum Hafen ist ein kleines Restaurant, zu dem eine reizvolle Terrasse gehört, von der aus man den Strand S'Arenal Gran gut überblickt. Spezialität ist der Fischtopf Guisat de Peix (auf Kastilisch: Guisado de Pescado).

85 Das Designjuwel

Wo das Schöne besonders zelebriert wird

Schwer zu sagen, ob es sich hier um eine Schatzkiste für Designobjekte der 1950er bis 1970er Jahre handelt oder um eine Unterkunft, deren Chefs mit dem Vintage-Hype kokettieren. Diese Hin-und-her-Gerissenheit entspringt einem ganz bewusst gesetzten Reiz, denn genau dieses Spiel mit der Zweideutigkeit macht die Faszination des Neun-Zimmer-Hotels Los Enamorados aus.

Hinter dem Erfolgsrezept stehen Rozemarijn de Witte und Pierre Traversier, zwei coole Globetrotter, die seit ihrer ersten Begegnung Mitte der 2000er Jahre in Paris ein Liebespaar sind. Mit ihrem farbenfrohen Haus haben sie sich einen Traum erfüllt. Sie war Redakteurin in den Niederlanden, er spielte früher professionell Basketball in Frankreich. Nachdem Amor die beiden zusammengeführt hatte, beschlossen sie zu reisen. Und sie sammelten Objekte. Auf Ibiza entdeckten sie ein leer stehendes Hotel direkt am Meer, einen typischen Betonkasten aus den 1960er Jahren – Midcentury-Design der weniger schönen Art.

Doch die beiden hatten ein Gespür für den geheimen Schatz des Gebäudes und entschieden, ihn zu heben. Da waren die alten Bootsschuppen im Keller, auf deren Mauern nun die große Hotelterrasse ruht. Die großen Holztore der Schiffsgaragen leuchten in Blau und Grün. Da sind die neun Zimmer in der ersten Etage, dunkle Schuhschachteln – aber alle mit Balkon und Blick zum Ozean. Das Paar hat sie in lauschige Schiffskabinen verwandelt, die Decken mit hellem Holz verkleidet, die Wände meerblau gefliest. Man schläft in Betten mit Kokosmatratzen, denen die Hoteliers Baldachine aufgesetzt haben; auch die Badezimmer sind klein, aber fein.

Nachdem die Weltenbummler auf der Insel der phönizischen Liebesgöttin Tanit heimisch geworden waren, begannen sie außerdem, Werke lokaler Künstler zu kaufen – daher das auffällige Lokalkolorit. Fürs Auge ist dieses Zuhause in der Fremde ein wahres Fest.

Adresse Carrer de Portinatx 103, 07810 Portinatx, Tel. +34/971337549 | Anfahrt von Ibiza-Stadt über Ca Na Negreta auf der EI-300 bis Portinatx | Tipp Der Hafen von Portinatx hat auch einen kleinen Strand. Schöner badet es sich jedoch in der Bucht Arenal Petit ein Stück weiter östlich.

86__Der Far des Moscarter

Der höchste Leuchtturm der Balearen

Aus der Ferne betrachtet ragt am nördlichsten Zipfel Ibizas der höchste Leuchtturm der Balearen wie ein überdimensionierter schwarz-weißer Mikadostab in den Himmel. Der 52-Meter-Gigant wurde 1978 errichtet. Am besten lässt sich der Solitär bei einem Küstenspaziergang erkunden, als Startpunkt eignet sich der alte Fischerhafen von Portinatx. Bald steht man dann vor einem imposanten und vor allem echten Leuchtturm, denn dafür müssen die Lichtsignale mehr als zehn Seemeilen Reichweite haben. Bei weniger handelt es sich um Leuchtfeuer.

Auf Ibiza, das als Handelsstützpunkt der Phönizier vor mehr als 2.000 Jahren zu Bedeutung kam, weisen lediglich vier echte Leuchttürme den Kurs. Neben dem Far des Moscarter sind dies der Far de Tagomago auf der gleichnamigen vorgelagerten Insel im Osten sowie jene auf den Inselchen Illa de Sa Conillera und Illa de sa Bleda Plana im Westen. Zusätzlich stehen zwei Leuchttürme außer Dienst wie ausgeblasene Kerzen an der Küste: der Far de Punta Grossa und der Far de Coves Blanques – der technische Fortschritt hat sie überflüssig gemacht.

In den Zeiten vor der Erfindung des Radars galten die Gewässer um Ibiza und Formentera wegen vieler felsreicher Untiefen als gefährlich. Davon zeugen zahlreiche Unglücke. So sank 1650 vor der Südküste die »San Nicolás de Bari y las Almas de Purgatorio«, ein Schiff der Seerepublik Genua. Wie Taucher mehr als 300 Jahre später feststellten, bestand die Ladung aus Sandelholz. Das größte Wrack und eines der beliebtesten Tauchziele der Balearen ist die 150-Meter-Fähre »Don Pedro«. Sie ging mit 40 Lkw an Bord 2007 vor der Hafeneinfahrt von Eivissa unter. Die Crew überlebte, das Schiff liegt seither zwischen 20 und 40 Meter tief auf dem Meeresboden. Taucher haben das Wrack entgiftet und versiegelt. Seefahrer, die den Far des Moscarter sichten, sollten daher der »Don Pedro« gedenken. Und auf Rum verzichten.

Adresse 07810 Sant Joan de Labritja | Anfahrt von Eivissa auf der Hauptstraße nach Sant Joan, kurz vor der Ortseinfahrt nach Sant Joan links in die große Zufahrtsstraße nach Portinatx einbiegen, Parkplätze am alten Hafen östlich der modernen Bauten der Feriensiedlung | Tipp Am Start der Leuchtturm-Tour in Portinatx bietet das preiswerte Ibiza Beach Resort einen schönen »Endless Pool« direkt über der Platja Petit sowie einen hoteleigenen Strandzugang (Tel. +34/971320579).

87 Die Purpur-Bucht

Die Lieblingsfarbe der Phönizier

Nicht die Blumenkinder, sondern die Phönizier waren die Ersten, die Farbe nach Ibiza brachten. Das Händlervolk wusste alles über die aufwendige Herstellung von Purpur – eine Farbe, die sie verehrten und auch exportierten.

Nachdem die begnadeten Seefahrer vom heutigen Libanon aus im gesamten Mittelmeerraum Handelsstationen eröffnet und in Nordafrika mit Karthago ein zweites Zentrum gegründet hatten, machten sie Ibosim, so nannten die Karthager die Insel, zum Sprungbrett auf die Iberische Halbinsel. Erst die Römer haben die Phönizier als führende Handelsmacht im Mittelmeerraum abgelöst.

Pou des Lleó war nur einer von mehreren Orten der Purpur-Herstellung auf Ibiza, denn der Bedarf war groß. Die Insel war nicht nur ein wichtiger Stützpunkt für den Warenexport im westlichen Mittelmeerraum, sondern bei Wohlhabenden aus dem gesamten phönizischen Herrschaftsraum als Alterssitz begehrt. Funde belegen, dass in der Bucht von Pou des Lleó ein reges Treiben herrschte. Im glasklaren Wasser der Felsküste fanden die Färber besonders viele Meeresschnecken, deren Drüsensekret sie benötigten, um Purpurpigmente herzustellen. Der Aufwand war hoch, denn 10.000 bis 12.000 Stachelschnecken reichten gerade aus, um ein Gramm Farbstoff herzustellen. Die Drüsen wurden mit Messern herausgeschnitten und ins Wasser gelegt, das sich sofort violett verfärbte. Um Purpur zu erhalten, wurde die Flüssigkeit mit Urin und später mit Pottasche versetzt und tagelang leicht erhitzt, bis der richtige Farbton entstand.

Das Wasser der Bucht ist immer noch glasklar und lockt in der warmen Jahreszeit Gäste, die Ruhe schätzen. Schnorchler können mit etwas Glück auch 2.700 Jahre nach der Ankunft der Phönizier noch die ein oder andere Purpurschnecke erspähen. Diese wird vier bis zehn Zentimeter lang, und am ehesten findet man sie an den steinigen Flanken der Bucht.

Adresse Pou des Lleó, 7800 Ibiza | Anfahrt von Santa Eulària auf der Hauptstraße nach Sant Carles de Peralta, nach der Ortsausfahrt rechts Richtung Platja des Figueral abbiegen und an der 1. Abzweigung rechts Kurs auf die Bucht von Pou des Lleó nehmen | Tipp Am nördlichen Ortseingang von Sant Carles de Peralta serviert Gute-Laune-Gastgeberin Pati im gemütlichen Restaurant Es Mirador eine herausragende Paella, zubereitet von ihrem Mann, dem Küchenchef. Fischgerichte genießt man idealerweise mit einem vorzüglichen Albariño.

88__Der Vorposten der Phönizier

Geschichtsträchtige Strandbar

Eine Strandkneipe mit direkter Verbindung zur Historie einer Insel ist nicht nur auf den Pityusen selten zu finden. Auf Ibiza existiert genau eine, und die heißt Kiosco Sa Caleta. Die archäologischen Funde dort markieren jene Stelle, an der die Phönizier rund 600 Jahre vor Christi Geburt erstmals auf Ibiza siedelten.

Als die Phönizier die Pityusen eroberten, brachten sie ihre Götter mit. Die wichtigsten waren der Obergott Baal Hammon, symbolisiert durch einen Stier und die Sonnenscheibe, die Göttin Tanit und ihr männliches Pendant Bes. Bes, der Schutz- und Kriegsgott mit Furcht einflößenden Antlitz, ist laut Theorie der Namensgeber von Ibiza. Das mag richtig sein oder nicht, viel beliebter auf der Insel war Tanit. Im Götter-Universum der Phönizier und später der Karthager war sie zuständig für Liebe, Fruchtbarkeit und Wiederauferstehung. Kein Wunder, dass auf den Pityusen viele Tanit-Figuren gefunden wurden, aber nur wenige des kriegerischen Bes. Die neuen Herrscher, die das Ende der prähistorischen Talayot-Kultur auf den Inseln einläuteten, nutzten ihre neuen Besitztümer im westlichen Mittelmeer als Handelsstationen, Anbauflächen und später als Heil- und Bestattungsorte.

Fundstücke des Kultes um Astarte, die Göttin der Seefahrer, und Tanit haben Archäologen unter anderem in Sa Caleta entdeckt, wo die Mauerreste der ersten phönizischen Siedlung noch gut erhalten sind. Anscheinend handelte es sich um einen Vorposten der neuen Herrscher, die sich erst noch gegen den ein oder anderen mächtigen Talayot-Clan durchsetzen mussten. Doch das ist Spekulation. Tatsache ist, dass es sich im Kiosco Sa Caleta im Abendlicht trefflich über alte Zeiten und Vergänglichkeit philosophieren lässt und dann die Einsicht reift, dass im großen Meer der Zeit einzig die Liebe zählt. Es lebe Tanit!

Adresse Sa Caleta, Es Bol Nou, 07800 Ibiza, Tel. +34/971187095 | Anfahrt Zufahrt zur Bucht von der Straße von Sant Josep nach Eivissa, ausgeschildert | Öffnungszeiten ganzjährig, im Winter nur mittags | Tipp Die Tropfsteinhöhle Cova Santa ist Naturspektakel, Restaurant und Disco in einem und liegt an der Zufahrtsstraße zur Bucht Es Bol Nou (www.covasanta.com).

89 Die alte Kirche

Ruheoase in der Feierhochburg

Was der Ballermann für Mallorca, ist das Westend von Sant Antoni für Ibiza: laut, voll und die Gäste noch viel voller. Während der Hochsaison kann dies vor allem für Einheimische unerträglich werden. Prügeleien, Drogenexzesse und sogar Messerstechereien – das kommt im Westend von Ende Juni bis Mitte September leider häufiger vor, denn dann strömen Horden von Billigurlaubern ins Westend, die vor allem eines im Sinn haben: Party bis zum Abwinken. »Das ist ja ihr gutes Recht«, sagt ein alteingesessener Bewohner der Stadt, »aber wenn dann alles voll Erbrochenem ist und man jeden Abend Schlägereien sieht, dann vergeht einem der Spaß.« Es verwundert nicht, dass der Ruf nach einem eher an Naturerlebnissen orientierten touristischen Leitbild zuerst in Sant Antoni de Portmany laut wurde.

Doch keine Panik, es gibt in San An – wie britische Pauschaltouristen die Stadt nennen – durchaus schöne und ruhige Ecken, auch während der Hochsaison. Zu diesen Oasen der Ruhe zählt die Església de Sant Antoni, eine Pfarrkirche, die auf das Jahr 1305 zurückgeht und zu den fünf ältesten Gotteshäusern der Insel gehört. Das einschiffige Gotteshaus wurde als Wehrkirche angelegt und daher auf einem Hügel errichtet. Aus erhöhter Position konnten anrückende Feinde schnell erkannt werden. Heutzutage ist die Kirche leider von mehr oder minder hässlichen Neubauten umgeben. Dennoch ist sie sehenswert; allein der große Vorhof mit Zisterne lohnt den Besuch. Hier konnte sich in früheren Jahrhunderten fast die gesamte Bevölkerung in Sicherheit bringen, wenn Feinde nahten. Bis ins 19. Jahrhundert war das Gotteshaus sogar noch mit Kanonen bestückt.

Bisweilen sind sogar einzelne Exemplare der partybesessenen Neu-Invasoren von Sant Antoni in der Kirche anzutreffen, auf der Suche nach einem ruhigen Plätzchen. Der ein oder andere Übernächtigte wurde schon erschöpft an der Kirchenmauer lehnend beobachtet.

Adresse Església de Sant Antoni, Plaça de l'Església, 07820 Sant Antoni de Portmany | **Anfahrt** von Eivissa kommend rechts in den Carrer de Ramón y Cajal, dann der Beschilderung folgen | **Öffnungszeiten** täglich | **Tipp** Ulkig und gerade deshalb sehenswert ist die Skulptur »Ou d'en Colóm«, die auf einer Verkehrsinsel im großen Kreisverkehr der Hauptzufahrtsstraße steht. Das weiße »Ei des Kolumbus« ist Geschmackssache, aber mannshoch und somit unübersehbar.

90 Der Tropicana-Pool

Wo Freddy einst Party machte

Queen-Sänger Freddy Mercury fand besonderen Gefallen an einer etwas abseits gelegenen Unterkunft auf Ibiza. Im Hostal Pikes feierte er seinen 41. Geburtstag mit einer großen Sause. Doch nicht nur der legendäre Queen-Sänger war hier zu Gast: Am Pool des kleinen Anwesens nahe Sant Antoni de Portmany rekelte sich auch George Michael für das Wham-Video zum Song »Club Tropicana« – die Tropen lagen in diesem Fall nicht in der Südsee, sondern am Ende einer etwas holprigen Stichstraße, die kurz vor Sant Antoni nach rechts in die ibizenkische Pampa abbiegt. Die extravagant-elegante Soul-Röhre Grace Jones gab sich ebenfalls die Ehre, und Ober-Rolling-Stone Mick Jagger legte Schallplatten auf, um seine damalige Frau Bianca zum Tanzen zu bringen.

Das Hostal Pikes ist aber längst kein Hotspot internationaler Rockstars mehr, vielmehr können sich heutzutage Gäste für Motto-Partys registrieren. Zu vielen der Partys sind auch Nicht-Hotelgäste willkommen. Absoluter Topstar und Stamm-DJ ist der britische Schauspieler, Filmemacher und DJ Idris Elba. Im Pikes nimmt er Auszeiten von seiner Standard-Filmrolle als Ermittler »Luther« im gleichnamigen BBC-Erfolgskrimi und tauscht seine Knarre gegen das Mischpult.

Das Pikes hat einen Indoor-Dancefloor mit Bar, und auch draußen kann rund um den Tropicana-Pool getrunken und getanzt werden. Ein Schmink- und Umkleidezimmer mit vielen neckischen Spiegeln und kleiner Requisite steht nicht nur gebuchten Künstlern zur Verfügung, sondern auch verkleidungsfreudigen Gästen, die sich bisweilen selbst als Teil der Show verstehen und entsprechend stylen wollen. An manchen Abenden ist das Pikes noch immer genial, an anderen kommt es einem vor wie ein Swingerclub für Investmentmanager und Nerds. Aber es lohnt sich auf jeden Fall, die holprige Straße hinauf auf den Hügel zu nehmen und sich das illustre Hostal selbst anzuschauen. Im Idealfall trifft man Luther.

Adresse Camí de Sa Vorera, 07820 Sant Antoni de Portmany, Tel. +34/971342222 | Anfahrt von der Hauptstraße Eivissa–Sant Antoni wenige Kilometer vor Sant Antoni rechts den Hügel hoch | Tipp In alten Kirchenräumen speisen die Gäste des Restaurants Sa Capella de Can Basora (Tel. +34/971340057).

91__Der Markt von Las Dalias

Hierher kommt auch ein Gottgleicher

Es gibt auf den Pityusen viele Sonnenkinder, aber nur einen Erleuchteten. Osel Hita Torres wurde 1985 als Kind von tibetischen Mönchen für eine Reinkarnation des Dalai Lama gehalten und nach Einwilligung der Eltern von Granada nach Tibet gebracht, wo er von Mönchen als Gottgleicher erzogen wurde. Als junger Mann hatte er es irgendwann satt, ließ Tibet hinter sich, reiste lange durch die Welt und lebt nun seit Jahren auf Ibiza.

Mit etwas Glück trifft man ihn auf dem Hippie-Markt von Las Dalias, wo er sich gern aufhält. Aber man sollte ihn nicht stören und das schwere Schicksal dieses Mannes respektieren, der als Kind erleben musste, wie ihn die Familie nach Tibet bringen ließ, wo er ohne seine Eltern ab seinem achten Lebensjahr ausschließlich von Mönchen umgeben war. Bis zum 17. Lebensjahr hat er nichts anderes als tibetische Schriften zu lesen bekommen. Sein Lehrer und Meister war ihm gleichzeitig wie ein Diener ergeben. Es war eine fremde und wirre Welt, die er nie als die seine akzeptieren konnte, wie ein einfühlsamer Dokumentarfilm aus dem Jahr 2022 zeigt.

Torres ist nun ein Mann um die 40, hat eine Stiftung für die Erhaltung der Natur gegründet und hält Vorträge über die Lehren des Ostens und des Westens, über Selbstbestimmung und den langen Weg dorthin. Nachdem er seine Freiheit wiederentdeckt hatte, bekam er ernsthafte Drogenprobleme – doch so wie es aussieht, hat er nun wieder festen Boden unter den Füßen.

Der Weg zum Markt nach Las Dalias kann also die Begegnung mit einem Fast-Gott mit sich bringen, aber auch so gibt es dort viele interessante Leute zu sehen. Es ist der beste, weil authentischte Hippie-Markt der Insel. Touristenrummel ja, aber doch mit einigen Urgesteinen der Hippie-Ära besetzt. In der Saison gibt's regelmäßig Outdoor-Partys, bei denen sich der Dancefloor rasch füllt.

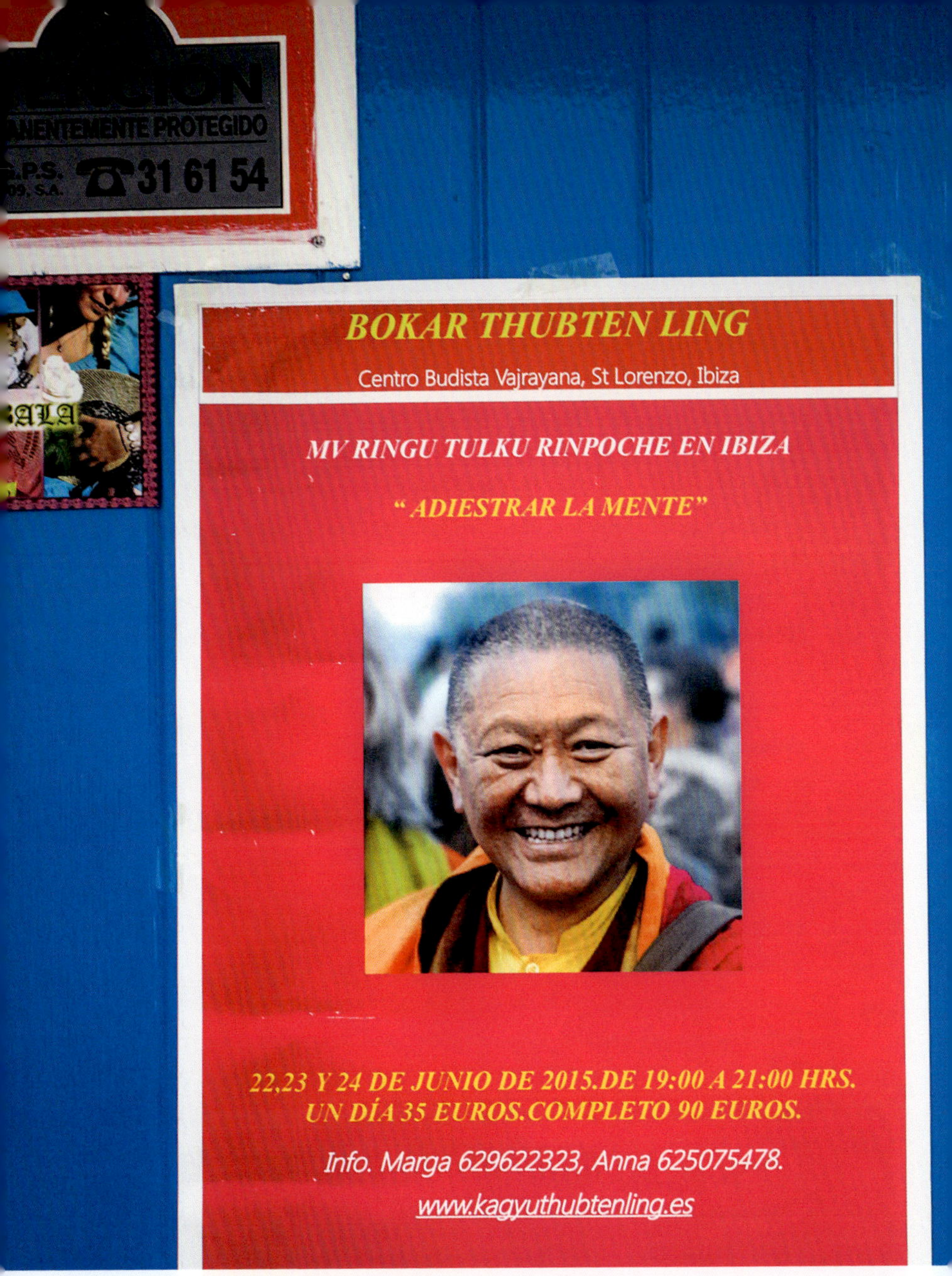

Adresse Sant Carles de Peralta, 07840 Santa Eulària des Riu | **Anfahrt** Markt rund 1 Kilometer außerhalb des Ortes linker Hand am Rand der Straße nach Santa Eulària des Riu | **Öffnungszeiten** ganzjährig Sa 10–20 Uhr, während der Hochsaison zusätzlich Montagabend | **Tipp** Anitas Bar ist legendär, auch wenn Anita schon lange nicht mehr da ist. Die besten Plätze bietet der Patio.

92__Der Flamingo-See

Centro de Interpretación Las Salinas

Die Salinen brachten einst viele Familien auf den Pityusen in Lohn und Brot. Bereits vor Jahrhunderten wurden in den großen Meerwasserbecken Tonnen des weißen Goldes gewonnen und verschifft. Heutzutage wird weit weniger Salz produziert, und ein Großteil der Salinen auf Ibiza ist Teil des Naturparks Ses Salines. Mit dem 2015 eröffneten Centro de Interpretación Las Salinas entstand eine Informationsstelle, die Gegenwart und Vergangenheit dieses geschichtsträchtigen Gebiets in Einklang bringt. Inzwischen wird das weiße Gold gewinnträchtig als türkisfarben verpacktes »Sal de Ibiza« vermarktet – Tiffany und seine typische Farbe lassen grüßen. Dabei wird die Salzbrühe in den Becken mit der Zeit rötlich und fängt an zu stinken, Juwelen tun das bekanntermaßen nicht.

Ohnehin ist Salz andernorts in mindestens gleicher Qualität günstiger zu bekommen. Was die Salinen dagegen einzigartig macht, sind ihre Naturschätze: Flamingos stolzieren durch die Tümpel, Balearen-Sturmtaucher jagen nach Beute, und viele Zugvögel legen auf der Reise von Europa nach Afrika hier eine Pause ein, andere überwintern. Auch die Salinen auf Formentera sind Teil des Naturparks, dort leben in der Lagune von Estany Pudent zahlreiche Schwarzhalstaucher. Rund 80 Prozent der Parkfläche sind Meer. In der Meerenge zwischen Ibiza und Formentera wächst besonders viel Neptungras – es hält das Wasser sauber und führt ihm Sauerstoff zu. Es ist der besterhaltene Bestand von Posidonia oceanica im Mittelmeer (siehe Ort 1). Im Naturpark gedeihen auch Pinien und Phönizischer Wacholder, der vor allem in den Dünensystemen des Parks große Flächen einnimmt.

Frühmorgens ist die Stimmung in den Salinen fast magisch. An klaren Tagen bietet sich ein Naturschauspiel sondergleichen: Wenn die Sonne dem Meer entsteigt, färbt sich das Wasser orangefarben und rot, es entstehen Spiegelungen, die jeden Hobbyfotografen in Ekstase versetzen.

Adresse Sant Francesc de S'Estany, neben der Kirche, 07800 Ibiza, Tel. +34/971177688 | Anfahrt von Ibiza-Stadt Richtung Flughafen fahren, vor dem Flughafengelände links in die Straße nach Sant Francesc einbiegen | Tipp Die beste Übernachtungsmöglichkeit nahe der Salinen ist die Casa Munich, ein Anwesen mit 27 Zimmern, 3 Pools und großem Garten (Tel. +34/971396535, www.casamunich.com).

93__Der Markt der Freigeister

Ein Hauch von Anarchie

Sant Joan ist das wohl gemütlichste und gleichzeitig internationalste Dorf Ibizas. Der Anteil von Nicht-Spaniern liegt bei etwa 30 Prozent, die meisten pflegen einen alternativen Lebensstil, und so dominiert ganzjährig eine gewisse Weltläufigkeit das Zentrum des Inselnordens. Es gibt zwei topmoderne Unterkünfte, und der Sonntag steht ganzjährig im Zeichen eines bezaubernden Markttreibens, das sich wie alles andere in diesem Ort rund um den Carrer Principal abspielt. Ab dem späten Vormittag werden Schmuck, Kleidung, Lederwaren, Holzschnitzereien und Lebensmittel auf dem ansonsten so ruhigen Plätzchen angeboten. An vielen Ecken riecht es nach Marihuana, alternativ Gesinnte führen philosophische Gespräche. Es herrscht ein Hauch von Anarchie.

Hervorgegangen aus einem Landgut der arabischen Epoche, legte man in San Joan früh Wert auf Selbstbestimmung, noch immer ist der Freigeist spürbar. Das Dorf war die erste ländliche Siedlung, die ihre Belange mittels einer eigenen Gemeindeverwaltung regelte. Das war im Jahr 1813, da hatte der Ort bereits gut 1.000 Einwohner. Bis ins späte 19. Jahrhundert war die Gemeinde räumlich isoliert. Erst seit 1885 existiert eine Straßenverbindung mit Ibiza-Stadt im Süden.

Einer der Pioniere des Revoluzzertums à la San Joan hieß Antoni Marí. Ihm gehörten die meisten Felder im Umland, und er legte Wert darauf, seine Bauern im Auge zu behalten. So ließ Milà, wie ihn die meisten nannten, kurzerhand in San Joan eine Kapelle errichten – ohne den Bischof zu fragen, der im fernen Vila residierte. Nachdem das Gotteshaus ohne Segen 1720 vollendet war, kamen die Landarbeiter dennoch, um in der Capilla de Milà zu beten.

Übrigens: Von den alten Kolonialwarenläden des Dorfs überlebte Can Vidal. Heutzutage ist dort selbst gebrannter Hierbas der Renner. Kenner halten ihn für den besten Kräuterlikör Ibizas.

Adresse Carrer Principal, 07810 Sant Joan de Labritja | Anfahrt von Ibiza-Stadt via Santa Eulària und San Carles in den Norden | Tipp Die Giri Residence – mitten im Ortskern und von außen eher unspektakulär – bietet fünf todschicke Suiten und einen Palmengarten mit Swimmingpool (Tel. +34/971333345).

94 Die Radtour rund ums Dorf

Vom Vista Alegre in den Campo ibicenco

Sant Joan de Labritja wandelt sich langsam, aber sicher zu einem Ort für Sportskanonen. In jüngster Zeit hat die Gemeinde, deren Einzugsgebiet bergig und bewaldet ist, sieben offizielle und attraktive Routen für Wanderer und Mountainbiker ausgeflaggt. Wer seinen Café con leche frühmorgens genießt und das Dorfidyll bestaunt, kann regelmäßig Frühaufsteher beobachten, die bereits zielstrebig zum östlichen Ortsausgang laufen. Die meisten marschieren Richtung Cala Sant Vicent, wo das Meer lockt.

Rund um die Plaça d'Espanya entdeckt man Schaufenster mit bunten Tüchern und anderem Krimskrams, die alte, strahlend weiße Kirche, die Speisekarte der Bar Vista Alegre, die neben Tofu-Burgern ihre Spezialität anpreist: Guisat de Peix, einen Fisch-Eintopf mit Kartoffeln und Paprika, verfeinert mit ein paar Safranfäden.

Der Besuch von Sant Joan ist nicht tagesfüllend, weshalb sich eine Radtour rund um den Ort empfiehlt. Straßenfahrräder reichen für diese knapp 18 Kilometer lange Strecke aus. Fürs Radfahren auf Ibiza sei geraten: Helm aufziehen und von Ende Juni bis Ende August besonders vorsichtig sein, denn zur Party-Hauptzeit geht es auf den Straßen der Insel bisweilen abenteuerlich zu. Täglich gibt es Schlagzeilen über Unfälle. Das bedeutet keine Entwarnung für den Rest des Jahres, aber gemütlicher sind Radtouren dann schon.

Vom Vista Alegre geht es an der Kirche vorbei Richtung Westen auf die Straße nach Sant Miquel, dann biegt man links auf die C-733 Richtung Sant Llorenc ein, hält sich noch vor dem Ortskern links und fährt nach Osten. Dann wird der kleine Weg nach La Font de Morna eingeschlagen – die Quelle samt Brunnen ist eine Pause wert. Früher fand hier immer am 15. August ein Tanzfest statt. Hinter dem Brunnen mit dem gut erhaltenen Steinbecken steigt der Weg kurz an. Von dort sind es nur wenige Kilometer zurück zum Vista Alegre.

Adresse Bar Vista Alegre, Carrer de Eivissa 1, 07810 Sant Joan de Labritja, Tel. +34/971333008 | Anfahrt von Sant Antoni, Evissa und Santa Eulària in weniger als 1 Stunde zu erreichen | Tipp Der Agroturismo Gan Gall liegt an der Straße Richtung Eivissa, wenige Kilometer außerhalb von Sant Joan. Eine herrliche Unterkunft inmitten von Obstbäumen mit großem Park und Pool (Tel. +34/971337031).

95 Die Bar Can Llorenç

Wo sich Raoul Hausmann vergnügte

Hier aß, trank und sang Raoul Hausmann (1886–1971), jener Künstler, der mit Kurt Schwitters, Hannah Höch und Tristan Tzara den Dadaismus ersann. Das Can Llorenç in Sant Josep de sa Talaia war Hausmanns Lieblingsbar während seines Exils auf Ibiza. Mit dem Barbesitzer Llorenç Carbonell verband ihn eine enge Freundschaft, Hausmann fotografierte viel in dem Lokal und gab dort einige Darbietungen seiner Kunst.

Der Maler, Schriftsteller und Architekt kannte Ibiza bereits von einem Urlaub im Jahr 1926. Von 1933 bis 1936 verbrachte er hier die erste Station seiner Flucht vor den Nationalsozialisten. Die braunen Kunstbanausen hatten sein Schaffen als »Entartete Kunst« diffamiert. Wie viele andere Größen seiner Zeit konnte der in Wien geborene Berliner Künstler das nur schwer verkraften. Dennoch wurde Hausmann auf der Insel auf vielfältige Weise inspiriert. Er wohnte lange in einer Finca, die aus dem 17. Jahrhundert stammt und heutzutage ein kleines Luxushotel beherbergt – die Jardines de Palerm zwischen Sant Josep de sa Talaia und Es Cubells. Im Can Llorenç direkt im Zentrum von Sant Josep pflegte er Kontakt zu den Einheimischen.

Hausmann hat das Ibiza der frühen 1930er Jahre in dem interessanten Buch »Hyle: Ein Traumsein in Spanien« verewigt, das 1969 erschien. Seine Schwarz-Weiß-Aufnahmen, die Texte und Collagen sind ein Zeugnis des freien Geistes, den Intellektuelle aus aller Herren Länder, darunter die Philosophen Albert Camus und Walter Benjamin, nach Ibiza brachten und damit etwas völlig Neues in Bewegung setzten.

Als von den Nazis Verbannter war Hausmann ständig auf der Flucht. Von Spanien aus suchte er 1936 in Zürich Schutz, zog 1937 nach Prag und ein Jahr später nach Paris. Schließlich fand er ein Jahr vor Kriegsende in Limoges eine neue Heimat, wo er bis zu seinem Tod 1971 lebte. Es führte dort ein »sehr isoliertes« Dasein, wie Weggefährten berichteten.

Adresse Carrer Can Pou 4, 07830 Sant Josep de sa Talaia, Tel. +34/971801601 | Anfahrt direkt an der PM-803, etwa auf halber Strecke zwischen Eivissa und Sant Antoni | Öffnungszeiten täglich ab frühmorgens | Tipp Das Hotel Jardines de Palerm, das neun Zimmer bietet, ist über die Straße nach Es Cubells erreichbar (www.jardinesdepalerm.com).

96 Der Eremitenfelsen

Ein Paradies für Vögel und Spinner

Ein steil aufragender, knapp 400 Meter hoher Felsen vor der Westküste beflügelt die Phantasie: Es Vedrà – je nach Betrachtung ein kahles Mini-Eiland oder ein schroffer Riesenfelsen – ziert viele Postkarten, mal vom roten Licht des Sonnenuntergangs gekrönt, mal von strahlend blauem Himmel.

Nicht wenige Betrachter fühlen sich vom Anblick der Felsen berührt. So wird Pop-Opa Mike Oldfield nicht müde zu betonen, dass der Felsen ihn beim Komponieren des stilbildenden Progressive-Rock-Albums »Tubular Bells« Anfang der 1970er Jahre inspirierte.

Weniger bekannt ist, dass einst ein Eremit auf dem Felsen viele Jahre verbrachte und sich dort dank Süßwasserquelle, eines Feigenbaums und reicher Fischgründe angeblich mehr oder weniger gut ernähren konnte. Anzunehmen ist, dass Francis Palau y Quer die Einsiedelei bisweilen per Boot verließ, um sich anderen Genüssen hinzugeben, über die hier nicht spekuliert werden soll. Jedenfalls wurde dem der Überlieferung zufolge leicht verrückten Mönch in Es Cubells, einer nahen Ortschaft, ein Denkmal errichtet. Historisch belegt ist, dass durch seine Bemühungen 1864 in Es Cubells das weiße Dorfkirchlein eingeweiht werden konnte.

Man kann dem »magischen Felsen«, wie das Naturreservat Es Vedrà von Ibizenkern gern tituliert wird, einen offiziellen Besuch abstatten, und zwar per Ausflugsschiff von Sant Antoni, Ibiza-Stadt oder Formentera aus. Außerhalb der Saison klappt es vielleicht auch von Es Cubells aus – mit etwas Glück spielt ein Bootsbesitzer aus einer der Fischerbuchten des weitverzweigten Dorfes gegen ein kleines Entgelt den Fährmann. Es ist verboten, Es Vedrà zu betreten, aber man versäumt nicht viel. Die Seevögel sieht man auch vom Boot aus, und Eidechsen gibt es andernorts ebenfalls. Sicher ist außerdem, dass auf der Insel kein einziger Feigenbaum gedeiht.

Adresse 07830 Sant Josep de sa Talaia, www.balearsnatura.com | Anfahrt direkt an der PM-803, etwa auf halber Strecke zwischen Eivissa und Sant Antoni; Bootstouren-Anbieter: www.seexperienceibiza.com und www.nautilusibiza.com | Tipp Östlich von Sant Josep steht die Capella Puig d'en Serra, ein kleines Juwel.

97__Die Pared de Buda

Ibizas beste Arschbombe

»Aventura« lautet das spanische Wort für Abenteuer. Die letzten verbliebenen Abenteurer der Insel, die einst für ihre mutigen Piraten berühmt war, sind wohl die Kletterer, die sich teilweise per Boot zu den Steilklippen bringen lassen, um sich Griff für Griff, Tritt für Tritt, Zug für Zug emporzukämpfen. Je nach Lust und Laune lassen sich die Klettermaxen danach ins Blau des Meeres fallen. Allein in den zurückliegenden zehn Jahren wurden mehr als ein Dutzend neue Klettergebiete auf der Isla Blanca erschlossen. Berühmt für Ibizas wohl spektakulärste Arschbomben ist die Pared de Buda.

Wer sich beim Torre des Savinar auf den Abstieg Richtung Meer macht, wird bei schönem Wetter mit einem Gratis-Live-Spektakel belohnt. Einfach am Inselchen Es Vedrà orientieren, das rund 300 Meter entfernt aus dem Wasser ragt. Wenn der ehemalige Steinbruch auftaucht, den Aussteiger einst Atlantis tauften, ist das Ziel nicht mehr fern. Die Kletterrouten an der »Mauer des Buddha« wechseln je nach Wetter, doch bald wird man die ersten Felsenartisten entdecken. Den Namen verdankt die Kletterwand einem Bild des Erleuchteten, das angeblich Blumenkinder auf die Wand gepinselt haben.

Teilweise handelt es sich bei den Kletterern um sogenannte Freeclimber, die sich völlig ungesichert allein auf die Kraft ihrer Muskeln verlassen und an den kahlen Wänden emporziehen und -stemmen. Bohr- und Klemmhaken sind zwar vorhanden, aber niemand garantiert für ihren Halt und Zustand. Unerfahrenen sei daher von dem Kletter-Abenteuer eher abgeraten. Zuschauen reicht aus und bringt genug Spannung, am besten aus sicherer Entfernung und von einem rutschfesten Standort aus. Die Pared de Buda ist eines der beliebtesten Reviere auf der Insel – entsprechend hoch ist der Andrang der Felsenbezwinger, vor allem an Wochenenden und in der warmen Jahreszeit. Einfach vorbeischauen, es lohnt sich!

Adresse 07830 Sant Josep de Sa Talaia, Torre des Savinar, von dort mit der nötigen Vorsicht Richtung Steilküste | Anfahrt von Es Cubells oder Cala Vadella kommend Richtung Cala d'Hort fahren, ausgeschildert | Tipp Mundo Activo (Ibiza-Stadt) und Ibiza Vertical (Sant Josep) bieten Kletterkurse an (www.ibizavertical.com, www.ibizamundoactivo.com).

98 Die Platges des Comte

Hannibals bizarre Felsenküste

Die Platges des Comte bestechen durch grandiose Ausblicke und landschaftliche Schönheit. Wer an einem der hübschesten Flecken der Insel baden möchte, sollte Verpflegung mitbringen und einen unbeschwerten Tag in einer der kleinen Sandbuchten am Meer genießen. Das Wasser im Südwesten der Insel ist glasklar und wird nur langsam tiefer.

Traumhaft schön ist es in den Buchten in den Abendstunden: Dann leuchten die vorgelagerten Felsen im Meer, von der untergehenden Sonne in Szene gesetzt – ganz so, als würde ein Beleuchter eine Bühne zum Strahlen bringen. Besonders angenehm lässt es sich im Sunset Ashram chillen, wo Windglocken und Weltmusik entsprechende Stimmung verbreiten. Wer einen anderen Geschmack hat, wird sicher in einer der anderen Strandbars glücklich. Entgehen lassen sollte man sich einen Sundowner an den Platges des Comte auf keinen Fall.

Tagsüber leistet ein Sonnenschirm wertvolle Dienste, denn die Buchten, hinter denen die Felsen steil aufragen, bieten kaum Schatten. Dagegen ist das Hinterland der zerklüfteten Küste, wo sich große Wälder ausdehnen, mit Schatten geradezu gesegnet. Die Wälder wechseln sich hier mit fruchtbarem Ackerland ab. Die Platges des Comte dürfen übrigens die Blaue Flagge hissen, das Gütezeichen für allerbeste Wasserqualität.

Wer vom Baden genug hat, unternimmt einen abwechslungsreichen Spaziergang Richtung Norden entlang der Klippen. Es versteht sich, dass auf der Route ein gebührender Abstand zur Steilküste einzuhalten ist. Auf der kurzen Strecke begegnet einem der Torre d'en Rovira, ein 1756 erbauter Wachturm. Er bietet einen grandiosen Rundumblick auf das Meer, das bei Windstille aussieht wie eine unbemalte Leinwand, einzig einige Felsen geben dem Auge Halt. Der größte heißt übrigens Sa Conillera, und um ihn rankt sich eine interessante Legende: Angeblich soll Hannibal dort das Licht der Welt erblickt haben.

Adresse Sunset Ashram, Platges des Comte, 07820 Sant Antoni des Portmany, Tel. +34/661347222 | Anfahrt an der Straße von Sant Antoni nach Sant Josep, der Beschilderung folgen | Öffnungszeiten Bar: Mai–Okt. täglich 10–24 Uhr | Tipp Im Restaurante S'Illa des Bosc isst man edel und teuer (Tel. +34/971806161).

99__Der Sa Talaia

Fernsicht vom höchsten Gipfel der Pityusen

Knapp 500 Meter erhebt sich der Sa Talaia über den Meeresspiegel und ist damit der höchste Berg auf Ibiza. Vom Gipfel lässt sich die Insel hervorragend überblicken, an klaren Tagen liegt die Ebene wie ein Teppich vor dem Auge des Betrachters, bestimmt von den Farben Grün, Weiß und Braun. Manchmal lassen sich auch die Konturen von Formentera erkennen, und mit etwas Glück und einem Fernglas in der Hand erhascht man sogar einen Blick auf die Küste des spanischen Festlands bei Valencia.

Eine offiziell markierte, gut ausgeschilderte Route hinauf existiert zwar nur in Ansätzen, dennoch ist der Weg kaum zu verfehlen. Startpunkt ist die Kirche von Sant Josep de sa Talaia. Die Vorhalle ist wohl noch das Spektakulärste dieses Gotteshauses, immerhin hat der sogenannte *porxo* einen Säulengang mit drei Bögen.

Ein Schild vor der Kirche weist den Weg auf den 487 Meter hohen Insel-Mount-Everest, bei großzügiger Auslegung dauert die Tour zum Gipfel und zurück fünf Stunden. Sie führt auf kleinen Pfaden durch Kiefernwald und Macchia und ist auch für Kinder geeignet, nicht aber für Kinderwagen. Festes Schuhwerk und ausreichend Verpflegung gehören wie bei jeder Wanderung zur Standardausrüstung. Bei schlechtem Wetter sollte man von der Wanderung absehen, bei Regen kann es schnell glitschig und bei Nebel sogar gefährlich werden. Unterwegs gibt es viele Möglichkeiten für eine Rast. Wer dem Gipfel nahe ist, kann auch einen schönen Blick auf den Naturpark Illots de Ponent, der östlich des Berges liegt, genießen. Dahinter erstreckt sich das weite Blau des Meeres.

Der Zauber des Berges wird jedoch von einem Unglück getrübt: Am 7. Januar 1972 ereignete sich nahe dem Gipfel das bislang schwerste Flugzeugunglück Ibizas, bei dem 104 Menschen ihr Leben verloren. Doch das liegt lange zurück, und man sollte sich von diesem traurigen Vorfall nicht von einer Wanderung abhalten lassen.

Adresse Startpunkt: Kirche im Carrer Pedro Escanellas, 07830 Sant Josep de sa Talaia; Wanderkarte zum Downloaden unter www.ibizatravel.de | Anfahrt direkt an der PM-803, der alten Verbindungsstraße zwischen Eivissa und Sant Antoni, gelegen | Tipp Anspruchsvolle Köche schwingen die Löffel im Restaurante Sol de Siena (Carrer Pedro Escanelles 34, Tel. +34/971800697).

100__Der Tanzplatz

Der goldene Schmuck der Ibizenkerinnen

Bereits Reiseautoren des 18. Jahrhunderts schwärmten vom fein gedrechselten Gold- und Silberschmuck der Ibizenkerinnen, den diese vor allem an Fest- und Feiertagen anlegten. Auch heutzutage tragen die Frauen ein Gehänge um den Hals, das mit Broschen, Edelsteinen und häufig mit einem Kreuz oder einem Heiligenbildchen verziert ist. Der aufwendige Schmuck legt sich geschmeidig über Brüste und Bauch – ein prachtvoller Anblick, auch wenn man kein Trachtenfreund ist. Dazu kombinieren die Damen einen langen Rock, eine bestickte Schürze und ein Schultertuch. Ein weniger spektakuläres weißes Kopftuch schützt vor der Sonne.

Von der Schönheit der Ibicencas zeigte sich der Habsburger Ludwig Salvator bereits in der zweiten Hälfte des 19. Jahrhunderts begeistert. In seinem dicken Band über die Balearen beschrieb er den Schmuck, die Kleidung und den Tanz von Frau und Mann. Mit dem Kleidungsstil der Männer war der Habsburger übrigens ganz und gar nicht einverstanden und kanzelte die Tracht als geschmacklos ab. Ein etwas hartes Urteil und insofern bemerkenswert, da Ludwig Salvator wegen seines nachlässigen Kleidungsstils am Wiener Hof häufig selbst Opfer von Spott und Häme wurde.

Bei Dorffesten ziehen Frauen und Männer gleichermaßen auch heute noch gern Tracht an. Und die alten Tänze erfreuen sich in den vergangenen Jahren sogar wieder steigender Popularität. Beliebtester Tanz ist der fröhliche Ball Pagès, der zwar nicht die Grazie einer Sevillana oder das Feuer eines Flamencos versprüht, aber dennoch schön anzuschauen ist.

Gepflegt werden Tracht und Tanz überall auf der Insel, aber in Sant Josep besonders intensiv, denn dort gibt es gleich mehrere Volkstanzgruppen, die sich auch um den Nachwuchs kümmern. Vor der Kirche des Ortes kann man an jedem Wochenende den Ball Pagès bewundern und die verschieden gestalteten Schmuckstücke der Ibicencas in Augenschein nehmen.

Adresse Kirchplatz, 07830 Sant Josep de sa Talaia, www.sanjose-ibiza.net | Anfahrt direkt an der PM-803, etwa auf halber Strecke zwischen Sant Antoni und Eivissa gelegen | Tipp In Sant Josep de sa Talaia serviert die Bar Destino gute Tapas. Die schöne Lage im Carrer de sa Talaia, der kleinen Fußgängerzone des Dorfes, lockt zahlreiche Gäste an.

101 Der Trainingsplatz

Steine schleudern auf die altmodische Art

Das Steinschleudern ist der wohl älteste Sport der Balearen, und auf Ibiza wird er nach wie vor praktiziert. Bis Anfang des 20. Jahrhunderts war es sogar üblich, diese Kunst fast jedes Kind zu lehren. Bis in die Gegenwart ist man stolz auf die lange Tradition des »Tir amb Basetja«, wie der Sport hier genannt wird. Auf einem Gelände gleich neben dem Fußballplatz von Sant Josep de sa Talaia finden regelmäßig Trainings statt, und beim Dorffest in Sant Agustí des Vedrà, einem Weiler, der zu Sant Josep gehört, wird alljährlich am 28. August die Insel-Meisterschaft ausgetragen.

Bereits die ersten Bewohner der Pityusen, die Menschen der Talayot-Kultur, haben sich wohl mit Hilfe von Steinschleudern gegen Angreifer zur Wehr gesetzt. Später nannte man die Schleuderer »Baliardes« (nach dem griechischen Wort »ballein« - werfen). Laut gängiger Theorie waren sie es, die den Inseln den Namen »Balearen« gegeben haben. Ob es tatsächlich so war, ist umstritten, doch zumindest wird die Kunst des Tir amb Basetja auf allen vier großen Inseln – Ibiza, Formentera, Menorca und Mallorca – ausgeübt.

Angeblich rekrutierte der Karthager Hannibal auf Ibiza reihenweise Baliardes, um mit ihnen in den Kampf gegen Rom zu ziehen. Viele sollen sogar mit dem großen Feldherrn und seinen Elefanten die Alpen überquert haben und im Zweiten Punischen Krieg den Römern mächtig zugesetzt haben. Wie der Autor, Archäologe und Ibiza-Kenner Paul Davis in seinem lesenswerten Buch »Ibiza y Formentera: el legado históríco« anführt, waren die Ibizenker bereits unter den Phöniziern gefragte Kämpfer mit Stein und Schleuder. Von Hannibals Elefanten überlebte die Alpenquerung lediglich einer, wie viele Ibizenker ihr Leben lassen mussten, hat niemand gezählt.

Auch wenn Fußball, Basketball und Tennis dem Steinschleudern längst den Rang abgelaufen haben, ist die alljährliche Meisterschaft dennoch sehr beliebt.

Adresse Sportplatz in Sant Josep, 07830 Sant Josep de sa Talaia | Anfahrt kurz nach dem Spar-Supermarkt im Ortszentrum von Sant Josep von der Hauptstraße PM-803 Richtung Eivissa rechts abbiegen, Trainingsplatz kurz vor dem Fußballplatz | Öffnungszeiten Informationen zu den Steinschleuder-Wettbewerben über das Rathaus Sant Josep, Pere Escanellas, Tel. +34/971800125 | Tipp Das Restaurant Sa Soca verwöhnt seine Gäste mit gekonnt zubereiteten Gerichten, zum Beispiel Lammschulter oder Fisch vom Grill (Tel. +34/971341620).

102 La Paloma

Schlemmen im Einklang mit der Natur

Die Chefin stammt aus Mailand, hat die lombardische Metropole aber bereits vor vielen Jahren gegen ihre Wahlheimat Ibiza getauscht. Orietta Sala ließ sich in der Nähe von Sant Llorenç nieder, baute eine alte Finca mit viel Gespür für die Umgebung um und legte einen großen Garten an. Viele Rosensorten, Orangen- und Zitronenbäume gedeihen dort, und Gäste können umgeben von der Liebesblume draußen dinieren. An kalten Tagen knistert drinnen das Feuer im offenen Kamin, und es duftet nach selbst gebackenem Brot.

La Paloma – die Taube –, so hat Signora Sala das Restaurant getauft und damit einen Volltreffer gelandet. Eine alte Olivenpresse hat ihren Platz behalten, die Einrichtung ist in hellem Blau und Weiß gehalten. Als Zutaten für die Gerichte werden möglichst viele Produkte der Insel verwendet, vieles stammt aus dem Gemüse- und Gewürzgarten der Finca, der Rest kommt aus Italien – wie die Kapern von der Insel Pantelleria oder der Bresaola aus der Toskana. Der Mozzarella indes wird auf Eivissa hergestellt, gemäß italienischem Rezept, versteht sich.

Orietta Sala und ihre Mitstreiter haben 2004 begonnen, das alte Anwesen zu restaurieren. In Sant Llorenç gibt es sonst lediglich eine Bar, eine kleine Schule und eine Kirche, alles recht überschaubar. Umso vielfältiger wird im La Paloma gekocht, wobei jeden Tag sechs verschiedene Gerichte zubereitet werden. Das sind in der Regel zwei Sorten Pasta, ein Risotto, zwei Fleischgerichte sowie etwas Veganes, das aber gut gewürzt und scharf auf den Teller kommt. Dazu munden gut ausgesuchte Weine, und wer Antialkoholisches bevorzugt, probiere die frisch gepressten Obst- und Gemüsesäfte. Diese Erfrischungen werden auch im zugehörigen Café serviert, das bereits zum Frühstück lädt. Der Sonntagsbrunch im La Paloma ist für anspruchsvolle Spätaufsteher inzwischen ein Muss. Schade ist, dass das Restaurant nur während der Saison geöffnet ist.

Adresse Sant Llorenç, 07812 Sant Joan de Labritja, Tel. +34/971325543, www.palomaibiza.com | **Anfahrt** auf der C-733 von Eivissa Richtung Portinatx und etwa auf halber Strecke links auf die PM-804-1 abbiegen, Lokal in der Nähe der Ortskirche | **Öffnungszeiten** Restaurant März–Nov. abends; Café ganzjährig | **Tipp** Die Wehrkirche stammt aus dem 18. Jahrhundert und bietet eine gute Aussicht auf die landschaftlich reizvolle Umgebung.

103_Worldfamily Ibiza

Modemix mit treuen Fans

Dem katalanischen Maler Santiago Rusiñol (1861–1931) verdankt Ibiza den Beinamen »Isla Blanca« – weiße Insel. Eine Bezeichnung, die unter Franco dazu geführt hat, dass die Insulaner angehalten wurden, ihre bunten Häuser weiß zu streichen. Der werbeträchtige Begriff von der »Weißen Insel« hatte auch Einfluss auf die Mode: die verspielte Moda Adlib schrieb Geschichte.

Längst werden die für diese Spielart der Kleiderkunst typischen feinen Spitzen und Stickereien von den großen Modehäusern dieser Welt zitiert. Die puristische Moda Adlib dagegen existiert nur noch in Bildbänden über Modegeschichte. Es waren die Balkan-Prinzessin Smilja Mihajlovic und die Modemacherin Dora Herbst, die die Moda Adlib auf den Laufstegen von Mailand, Paris und New York etablierten. Dora Herbst, die auf Ibiza als Malerin startete und dann rasch und zielstrebig ins Metier der Modemacherin wechselte, ist mit ihrer Edel-Boutique im Nobelviertel Botafoch sozusagen ein Relikt dieser Epoche.

Zeitgemäßer zeigt sich die Modefirma Worldfamily Ibiza, die von zwei ambitionierten Wahl-Ibizenkerinnen gegründet wurde. Die eine stammt aus Barcelona, die andere aus Amsterdam. Die beiden Frauen haben es geschafft, die Ibiza-Mode ins dritte Jahrtausend zu führen. Worldfamily Ibiza agiert wie die Kelly Family des Fashion-Business und swingt mit seinen Kreationen virtuos zwischen »Indianerlook«, Dirndl-Kopie, Birkenstockromantik und farbenfroher Folklore.

Die Kleidungsstücke und Accessoires von Worldfamily verkaufen sich inzwischen auch in Flagship-Stores in Madrid und Barcelona, im Internet und auf Ibiza sogar in einer Boutique auf dem Land. Nicht wenige der 30-Something-Señoras auf der Insel sind fest davon überzeugt, dass die Modemarke aus Familienhand die einzige auf den Pityusen ist, die – wie es in Spanien so schön heißt – »en moda« ist, also mit der Zeit geht.

Adresse Carretera Sant Joan de Labritja, Sant Llorenç, 07812 Sant Joan de Labritja, Tel. +34/971333201, www.worldfamilyibiza.com | Anfahrt Landladen des Modelabels etwas außerhalb des Dorfes Sant Llorenç | Öffnungszeiten Mo–Sa 10–13 und 16.30–20 Uhr | Tipp Im Restaurant Can Curuné, das gegenüber dem Modeladen liegt, kann man sich vom Shoppen erholen (Tel. +34/971333054).

104__Das Mandelparadies

Entspannung inmitten von Feldern und Wald

Was für ein Genuss! Erst ein sanftes Knacken, dann wird der Samen der Süßmandel aus den Schalenresten geangelt und wandert in den Mund: eine Spur von Marzipan, mild-nussig und auch etwas bitter. Nina, die seit Jahren das familieneigene Landgut leitet, ist stolz auf das außergewöhnlich gute Steinobst, das auf dem Agroturismo Can Pujolet gedeiht. Jeder Gast findet eine Schale Mandeln der jüngsten Ernte auf seinem Zimmer, dazu einen Nussknacker und einen Korkenzieher für eine Flasche kräftigen Rotwein, der wunderbar mit den Mandeln harmoniert.

Ihre Mandeln erntet Nina ab Ende September, wenn die Gäste in ihrem mit viel Feingefühl eingerichteten Landhaus weniger werden. Im weitläufigen Garten gedeihen auch Orangen, Zitronen, Zucchini, Auberginen, Karotten und anderes Gemüse. Und das Beste ist: In welche Richtung man auch blickt – Can Pujolet ist rundherum von Wald umgeben. Auch der gehört im Übrigen zu Ninas Besitztümern. Sie ist alles andere als begeistert von Wanderern, die sich entlang Ibizas Nordküste ihre eigenen Wege suchen. Ihren Gästen hingegen verrät sie gern die Pfade zu den schönsten Aussichtspunkten für phantastische Sonnenuntergänge sowie Routen für atemberaubende Blicke auf die Steilküste.

Dass die Mandeln auf Can Pujolet so ausgezeichnet munden, liegt auch am Mikroklima dieses Inselteils. Die bis an die Äcker reichenden Wälder spenden auch in niederschlagsarmen Zeiten frühmorgens Feuchtigkeit. Und der Boden ist hier auf der Hochebene über dem Meer besonders mineralhaltig und fruchtbar.

Wer die Abzweigung zum Mandelparadies trotz des von Pflanzen umrankten Wegweisers findet, darf sich glücklich schätzen. So ruhig wie hier im hohen Norden ist es andernorts wohl kaum. Am frühen Morgen weckt einen das Zwitschern der Vögel. In der grünen Pracht von Ninas Garten gerät der große Pool samt Tagesbar fast in Vergessenheit.

Adresse Cami des Camp Vell, 07820 Sant Antoni de Portmany, Tel. +34/971805170, www.ibizarural.com | Anfahrt von Eivissa Richtung Norden über Santa Gertrudis nach Sant Mateu, im Ortskern links auf die alte Landstraße nach Santa Agnès einbiegen, Feldweg nach Can Pujolet auf halber Strecke rechts, Parkplatz nach rund 900 Metern | Ganzjährig geöffnet | Tipp Gute Tapas gibt es im Can Tuxedo Art Café in der Nähe von Santa Agnès.

105 Die Cova des Cuieram

Wo der Liebesgöttin Tanit gehuldigt wurde

Als die Archäologen die Cova des Cuieram entdeckten, wähnten sie sich wohl zunächst in einer antiken Töpferwerkstatt. In der Tropfsteinhöhle im Norden Ibizas fanden sie Dutzende gleichförmige Figuren aus Ton, die offenbar die karthagische Liebes- und Fruchtbarkeitsgöttin Tanit darstellten. Unter den vielen kleineren Tonfiguren stach eine große Büste heraus, die ein neuartiges Antlitz der Tanit zeigte: Die Gesichtszüge sind genauer herausgearbeitet, sie wirkt eleganter, trägt eine Tiara über den Locken und ist in eine Mantilla, ein Spitzentuch, gehüllt.

Wie die Auswertung des Fundes aus dem Jahr 1907 ergab, handelte es sich um das lange Zeit wichtigste Heiligtum der Karthager auf der Insel, die Ibiza von 654 bis 123 vor Christus beherrschten. Die Karthager mit ihrem Machtzentrum im heutigen Tunesien waren Nachfahren der Phönizier. Tanit ist auf Ibiza bis in die Gegenwart von Bedeutung, es gibt Kulturveranstaltungen wie die »Nuits de Tanit«, Club-Partys werden nach ihr benannt, und nicht wenige Ibicencos sind der Überzeugung, Tanit sei das beste Symbol für das Lebensgefühl auf ihrer Insel.

Die frühen Verehrer der Göttin schlugen hinter dem Höhleneingang einen kleinen Altarraum in den Fels und bauten eine Zisterne. Reste von Tierknochen und Münzfunde zeugen davon, dass die Menschen hier viele Opfer darbrachten. Das Heiligtum soll vor allem vom 5. bis zum 2. Jahrhundert vor Christus große Bedeutung besessen haben. Wissenschaftler fanden zwei in der Höhle ausgegrabene Münzen besonders interessant: Die eine zeigt den punischen Gott Melkart, der um Gesundheit und Wohlstand gebeten wurde, die andere gibt Auskunft über die Entstehung des Höhlenheiligtums. Sie bezeichnet einen gewissen Abdemun, den Sohn des Azaarbal, als Baumeister des Altarraums. Wer sein Werk bewundern möchte, sollte festes Schuhwerk anziehen, denn der Weg hinauf ist anspruchsvoll.

Adresse Sant Vicent de sa Cala, 07815 Sant Joan de Labritja | Anfahrt Höhle etwas landeinwärts von der Cala Sant Vicent, an der Straße nach Sant Joan de Labritja | Öffnungszeiten Di–So 9.30–13.30 Uhr | Tipp Im nahen Badeort Sant Vicent bereitet das Restaurante Can Gat frischen Fisch und Meeresfrüchte gekonnt zu. Auch die safrangelbe Paella schmeckt vorzüglich.

106 Der Blütenzauber

Lustwandeln unter Baumkronen in Weiß und Violett

Das Dorf Santa Agnès de Corona ist ein traumhaft verschlafenes Nest in einer urwüchsig ländlichen Gegend Ibizas. Ende Januar, Anfang Februar stehen die ausgedehnten Mandelplantagen rund um den Ort in strahlend weißer und violetter Blütenpracht, und dann ist dies der schönste Platz auf den Pityusen.

Wer zu dieser Zeit auf der Insel weilt und das Glück hat, eine sternenklare Vollmondnacht zu erwischen, der sollte etwas Ungewöhnliches wagen und einen Nachtspaziergang unternehmen. Er wird nicht der Einzige sein auf den Wegen rund um Santa Agnès, denn diese weißen Wundernächte sind auch bei Einheimischen beliebt, und so mancher Kenner der Insel fliegt extra deswegen für einige Tage ein. Auf den bereits grünen Wiesen, die aus der roten Erde sprießen, gedeiht zu dieser Jahreszeit auch die weiße Strandkamille prächtig.

Doch auch den Rest des Jahres lohnt eine kleine Wanderung durch diese so fruchtbare Landschaft. Im Frühjahr leuchten die von rotem Klatschmohn gesprenkelten Wiesen, überhaupt gilt die Ebene rund um den Ort als sehr fruchtbar, sodass es immerzu viel zu entdecken gibt. Rasten, trinken und picknicken – dazu lädt der Schatten unter den Mandelbäumen geradezu ein, und wer einschläft, wird sicher nicht abrupt von Motoren- oder Straßenlärm geweckt wie in Sant Antoni oder Eivissa, sondern einzig und allein von der Sonne oder einem fürsorglichen Wanderkollegen.

Bei schlechtem Wetter ist auch nichts verloren, denn die Bar Cosmi im Herzen des Dorfes Santa Agnès ist bekannt für ihre »Tortilla española«, ein Kartoffelomelett. Man kann draußen unter Arkaden sitzen und sich – angenehme Temperaturen vorausgesetzt – von Wind und Regen unbelästigt ganz und gar dem Landschaftskino widmen. Einfach glotzen und staunen. Selten mundet das üppigurige Eiergericht mit Kartoffeln und Gemüse so gut wie nach einer Wanderung durch die Ebene von Corona.

Adresse Bar Can Cosmi, Plaza de la Església, Santa Agnès de Corona, 07820 Sant Antoni de Portmany, Tel. +34/971805020 | Anfahrt von Sant Antoni de Portmany auf der PM-812 nach Santa Agnès | Mandelblüte Ende Jan.–Mitte Febr. | Tipp Wer nach der Pause im Can Cosmi nochmals hinaus in die Landschaft möchte, der kann sich im Krämerladen, der ebenfalls den Besitzern des Cosmi gehört, mit Vorräten eindecken. Wein, Käse, Wasser, Würste, Obst, Gemüse – alles ist im Angebot.

107__Das Weingut Can Rich

Pionier unter den Winzern Ibizas

Auch wenn der Kellerei Sa Cova die Ehre gebührt, als Erste die Weinbautradition auf Ibiza wiederbelebt zu haben, die wohl besten Tropfen werden im Weingut Can Rich gekeltert, wo angeblich ausschließlich die modernsten und ökologisch ausgewogensten Winzermethoden angewendet werden.

In landschaftlich reizvoller Kulisse zwischen Santa Agnès de Corona und Sant Antoni de Portmany gelegen, bauen die Önologen von Can Rich in der eisenhaltigen roten Erde dieses Landstrichs französische Klassiker wie Chardonnay und Cabernet Sauvignon an und mischen sie mit auf Ibiza heimischen Trauben wie Malvasia und Merlot. So etwas nennt man Innovation, und die ist unter Weinkennern derzeit angesagt. Das Ergebnis dieser Freude am Neuen und an umweltschonenden Produktionsmethoden: Gaumenschmeichler, die keinen internationalen Vergleich scheuen müssen. Davon können sich Weinkenner, aber auch Novizen bei einer der Verkostungen überzeugen.

Can Rich kann sich sehen lassen, auch was die Gestaltung des Anwesens anbelangt. Das Hauptgebäude hat einen *porxo*, den für Landhäuser auf Ibiza typischen Vorhof mit einem großen Vordach, in dessen Schatten sich die Produkte des Landguts – neben Wein unter anderem auch Olivenöl und der Kräuterlikör Hierbas – auf stilvolle Art und Weise probieren lassen.

Das Gut wurde 1999 fertiggestellt, und bereits bei der Planung wurde viel Wert auf die Bau- und Winzertradition der Insel gelegt. »Unidos por el Mediterráneo« (Vereint für das Mittelmeer) lautet das Motto der Betreiber. Sie betonen, dass nicht erst die Römer, sondern bereits die Phönizier den Weinbau auf die Pityusen brachten. Einer unter den vielen preisgekrönten Tropfen – ein Rosé – wurde auf den Namen »Bes« getauft, in Anlehnung an den phönizischen und karthagischen Gott des Krieges und der Fruchtbarkeit, der laut gängiger Theorie zum Namenspatron der Insel wurde.

Adresse Camí de Sa Vorera, Santa Agnès de Corona, 07820 Sant Antoni de Portmany, Tel. +34/971803377, www.bodegascanrich.com | Anfahrt Weingut an der PM-812 von Sant Antoni nach Santa Agnès | Öffnungszeiten Besuche nach tel. Voranmeldung | Tipp Eine niveauvolle Übernachtungsmöglichkeit vor Ort ist der Agroturismo Can Pujolet, eine ruhig gelegene, modernisierte Finca an der kleinen Straße von Santa Agnès nach Sant Mateu (Tel. +34/971805170).

108__Es Mercat

Wo Santa Eulària schon immer grün war

Santa Eulària des Riu steht traditionell im Schatten von Ibiza-Stadt, das sich während der Saison in eine Mittelmeer-Metropole verwandelt. Dennoch schlägt sich die zweitgrößte Stadt der Pityusen wacker. Beliebt ist sie vor allem bei deutschen und britischen Wahl-Ibizenkern und Familienurlaubern. Und mit der Römerbrücke, die über ein inzwischen meist ausgetrocknetes Flussbett führt, und der malerischen Bebauung auf dem Kirchberg nennt es gleich mehrere Schmuckstücke der Inselarchitektur sein Eigen. Schön gelegene Strandrestaurants, rauschende Stadtfeste und eine autofreie Uferpromenade tragen ebenfalls zum Reiz von Santa Eulària bei.

Doch das Highlight der Stadt ist seine Markthalle, wo es sich schöner und günstiger einkaufen lässt als in den vielen Touristen-Supermärkten. Wer den Mercat besucht, erlebt spanisches Alltagsleben pur: lebendig, unprätentiös, interessant, humorvoll. Der Markt liegt am oberen Ende des Carrer del Sol. Das Angebot ist reichhaltig und vor allem frisch, lokales Obst wie Mispeln im Mai, Juni und Juli sind ebenso im Angebot wie Fisch, Fleisch, Käse, Gemüse und Wein.

Auch für Kinder sind die Regale einiger Stände gut gefüllt – von Sandspielzeug, Bällen, Plüschtieren und anderen Spielsachen bis hin zu Schuhen und Oberbekleidung bieten die Händler vieles feil.

Seit einiger Zeit schicken sich Privatinvestoren und Stadtverwaltung an, den Ort zum grünen Zentrum der Insel zu machen – ein eigenes Öko-Veranstaltungszentrum ist geplant. Auch im eher konservativen Santa Eulària des Riu geht man also mit der Zeit. Umso erstaunlicher, dass der Markt nur wenig besucht wird. Da er bereits mittags schließt, muss die Kundschaft früh aus den Federn, und dazu ist die Mehrzahl der auf Erholung erpichten Urlauber offensichtlich nicht bereit. Das ist verständlich, und so wird die Markthalle wohl noch länger ein Geheimtipp bleiben.

Adresse Carrer del Sol, 07840 Santa Eulària des Riu | **Anfahrt** auf der Hauptstraße von Santa Eulària Richtung Eivissa fahren und nach dem Rathaus (Ajuntament) links abbiegen | **Öffnungszeiten** Mo–Sa circa 8–12 Uhr | **Tipp** Das Café Guaraná ist die Nummer eins im Nachtleben der zweitgrößten Stadt auf den Pityusen. Auch bei Lokalmatadoren ist es beliebt (www.guaranaibiza.com).

109 Der Stadtstrand

Bester Sandkasten für kleine Wasserratten

Kleinkinder haben es auf Ibiza nicht einfach. Das Nachtleben interessiert allenfalls ihre Eltern, und während des Hochsommers ist es viel zu heiß, um in Ruhe Sandburgen zu bauen oder im Wasser zu planschen. Der wohl beste Sandstrand für Familien mit Babys oder Frisch-Läufern befindet sich in Santa Eulària des Riu, der mit rund 32.000 Einwohnern zweitgrößten Stadt Ibizas. Er ist rund 300 Meter lang, und die sich unmittelbar anschließende autofreie Meerespromenade wird täglich gereinigt, weshalb der Sand weitgehend frei von Zigarettenstummeln, Plastikflaschen und anderen Überbleibseln ist, die Randalierer nach feuchtfröhlichem Strandvergnügen leider häufig hinterlassen.

Überhaupt zeigt sich die Stadt im Juli, August und September wesentlich entspannter als die Inselkapitale Eivissa, wo es eher schrill und laut zugeht. Praktisch außerdem: Das Wasser an der Platja de Santa Eulària wird nur langsam tiefer – so müssen Mama und Papa nicht gleich in Panik ausbrechen, wenn die Kleinen auf eigene Faust zur Entdeckungstour ins erfrischende Nass starten.

Sollte der Nachwuchs eine Dusche benötigen, stehen Strandduschen bereit. Wer der unter Nord- und Mitteleuropäern weitverbreiteten Unart, den ganzen Tag in der Sonne zu schmoren, anhängt, wird von Spaniern meist nur mitleidig belächelt. Besser, man macht es wie die Einheimischen und gönnt sich eine ausgedehnte Siesta. Für eine längere Pause bietet sich das Lokal Sa Punta an, dessen Köche auch schmackhafte Kindergerichte zubereiten und mitgebrachte Gläschen aufwärmen, falls die Kleinen noch Brei essen. Während die Kinder vom Sonnenschirm geschützt schlemmen, nutzen die Eltern hoffentlich entspannt die Pause, um den Blick aufs Meer und die Bucht von Santa Eulària zu genießen.

Danach kann man sich in Strandliegen erholen, die zu mieten sind, oder einige der angebotenen Wassersportarten ausprobieren.

Adresse Passeig Marítim, 07840 Santa Eulària des Riu | Anfahrt Auto am besten an der nahen Rambla parken | Tipp Das Restaurant Sa Punta serviert gute Küche. Man erreicht es, indem man vom Strand Richtung Fähranleger und Yachthafen läuft (Passeig Maritím, Tel. +34/971338614).

110__Tagomago

Promi-Refugium mit Strandbar

Dem Eiland Tagomago haftet seit einer Ewigkeit der Ruf an, es sei ein eher schwieriges Terrain. Ob der Namensgeber, der karthagische Kriegsfürst und Bruder Hannibals, jemals den Fuß auf das Inselchen gesetzt hat, ist historisch nicht belegt. Fest steht jedoch, dass jahrhundertelang alle Versuche scheiterten, den nur 900 Meter von Ibiza entfernten Flecken zu besiedeln.

Einzig Piraten kamen auf die rund 1.500 Meter lange und maximal 153 Meter breite Insel, um dort ihre Beute zu verstecken. Später öffnete eine Strandbude, die hungrige Fischer versorgte. Stiller Zeuge dieser Zeiten ist der Leuchtturm aus dem Jahr 1909. Vor wenigen Jahren wurde auf der Insel eines der teuersten Hideaways der Welt errichtet, in dem Stars heiraten oder ungestörte Liebesnächte verbringen können: eine weitläufige Villa mit Wehrturm, riesigem Pool, Dienstboten und einer 33-Meter-Yacht. Zu den illustren Gästen zählten unter anderen Liz Hurley und Justin Bieber.

Anziehungskraft auf Promis übte Tagomago bereits in der zweiten Hälfte des 19. Jahrhunderts aus, als der Habsburger Ludwig Salvator das Eiland besuchte. Der Blaublütige schrieb: »Schon von ferne winkt aus der blauen Flut das klippenstarre und unbewohnte Tagomago mit seinen kahlen und wilden Felswänden.« Mit dem Werk »Die Balearen in Wort und Bild« stiftete er für die Nachwelt größeren Nutzen als viele andere Sprösslinge der Donaumonarchie. Der Weltenbummler von Kaisers Gnaden war 1867 im Hafen von Ibiza vor Anker gegangen. Hier entflammte seine Liebe zu den Inseln.

Weil Tagomago unter strengem Naturschutz steht, ist die Nutzung des Hideaways immer wieder in den Schlagzeilen, unter anderem wegen eines jahrelangen Rechtsstreits der Balearenregierung mit einem deutschsprachigen Immobilienkaufmann. Mittlerweile vermarktet ein Luxushotel-Konzern das Eiland als »Europas exklusivste Insel«. Wochenpreis für das Anwesen: rund 150.000 Euro.

Adresse Tagomago, 07840 Santa Eulària des Riu, www.tagomago-island.com | **Anfahrt** Überfahrten im Hafen von Santa Eulària buchbar, Passeig Marítim | **Tipp** Wer mit dem Segelboot kommt, kann Tagomago nach Manier des Erzherzogs umrunden und wird dabei im Sommers mit etwas Glück seltene Eleonorenfalken sehen.

111__Das dufte Dorf

Santa Gertrudis wird hip

Am letzten Ruheort alter Zeiten zeigt sich das neue Gesicht des Dorfes. Wo vor vielen Jahrzehnten Verstorbene beerdigt wurden, befindet sich nun ein Garten mit saftiger Wiese und schönen Orangenbäumen. Die parkähnliche Pracht konnte entstehen, nachdem die Gräber auf einen anderen Friedhof verlegt worden waren.

Wenn die Orangenbäume blühen, herrscht rund um das Gotteshaus ein bezaubernder Duft. Die Kirche wurde 1797 vollendet, war damals wichtiger Treffpunkt für die verstreut um das Dorf lebenden Obst- und Gemüsebauern. Heute beginnt direkt vor den Kirchenmauern die Lebensader des Ortes. Der Carrer de la Vénda des Poble hat sich zu einer beliebten Fußgängerzone entwickelt, in der sich ein hübsches Geschäft ans andere reiht: Ein knappes Dutzend Boutiquen, Cafés und Restaurants, zwei Einrichtungshäuser und ein Lederwarengeschäft locken mit bunten Schaufenstern.

Santa Gertrudis hat nicht nur an Charme, sondern auch an Einwohnern gewonnen. Die Bevölkerungszahl hat sich seit Beginn der 2000er Jahre auf rund 3.000 verfünffacht; das Einzugsgebiet hinzugezählt sind es sogar 6.000. Das einst so verschlafene Bauerndorf hat sich nach der selbst verschriebenen Auffrischungskur zu einem Must-See gemausert. Leider ist ein historisch interessantes Grundstück nicht zu besichtigen: Das ehemalige Munitionslager mit unterirdischen Gängen diente nach der militärischen Nutzung lange als Depot für archäologische Fundstücke. Laut Lokalpresse wurde das Terrain an einen unzuverlässigen Investor verkauft, der in den Gebäuden große Partys veranstaltete, statt wie vereinbart ein Konzept für eine kulturelle Nutzung vorzulegen.

Kulturell bleibt immerhin die Bar Costa in der Fußgängerzone. Im Inneren gleicht das Lokal einer Galerie, denn die Wände sind voller Gemälde und Zeichnungen. Sie stammen von Künstlern, die ihre Rechnungen auf kreative Art und Weise beglichen haben.

Adresse Plaça de la Església, 07814 Santa Gertrudis | **Anfahrt** von Ibiza-Stadt der Straße nach Santa Eulària folgen und nach etwa 3 Kilometern die Abzweigung nach Santa Getrudis und Sant Miquel nehmen | **Tipp** Spitzenküche bietet die Finca La Plaza, ein Restaurant im Zentrum, das innen wie außen eine Augenweide ist (Tel. +34/971197370).

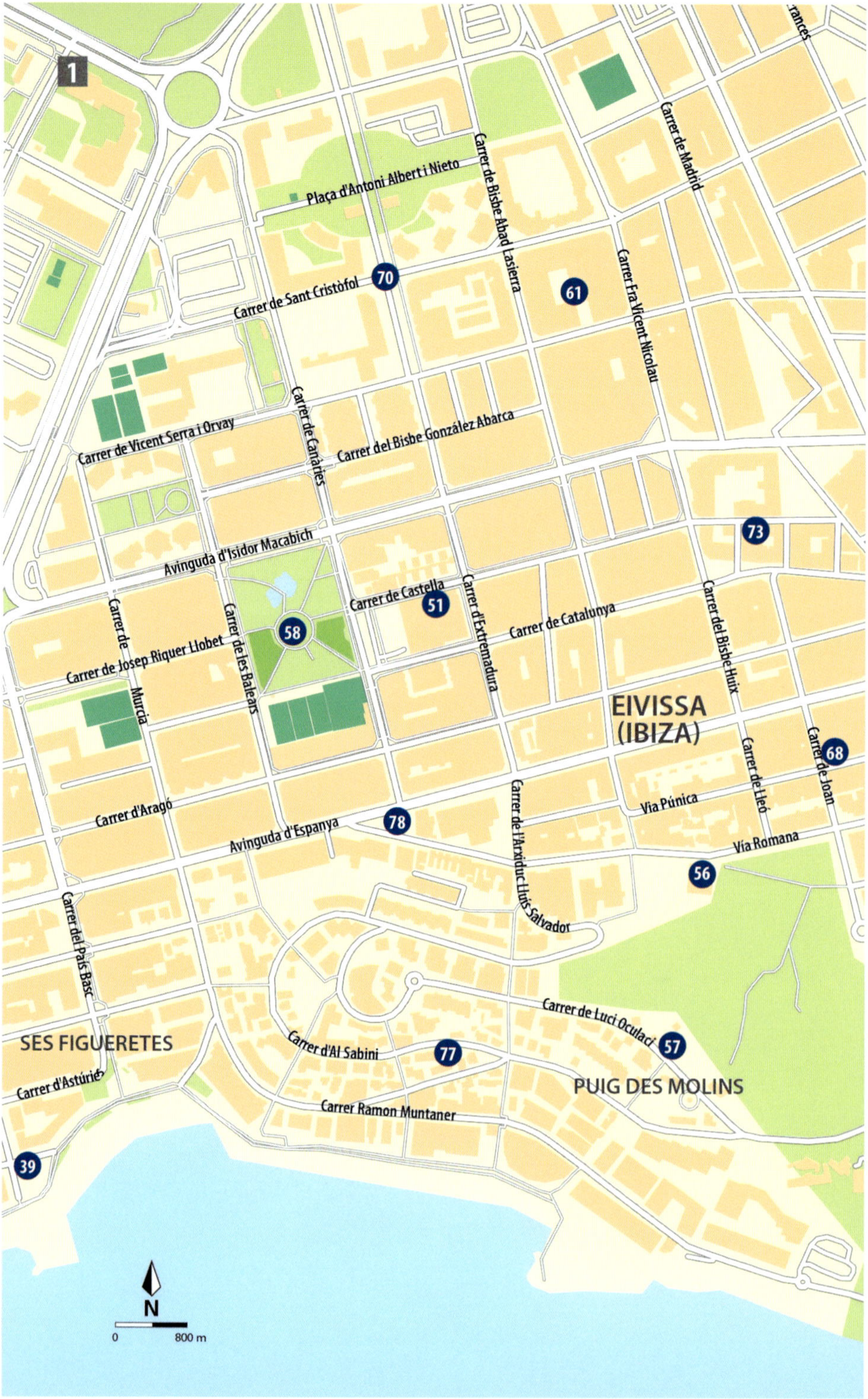
1
Plaça d'Antoni Albert i Nieto
Carrer de Bisbe Abad Lasierra
Carrer de Madrid
Carrer de Sant Cristòfol
70
61
Carrer Fra Vicent Nicolau
Carrer de Canàries
Carrer de Vicent Serra i Orvay
Carrer del Bisbe González Abarca
Avinguda d'Isidor Macabich
73
Carrer de Castella
51
Carrer d'Extremadura
Carrer de Catalunya
Carrer del Bisbe Huix
Carrer de Murcia
58
Carrer de Josep Riquer Llobet
Carrer de les Balears
EIVISSA (IBIZA)
Carrer de Lleó
Carrer de Joan
68
Carrer d'Aragó
78
Avinguda d'Espanya
Carrer de l'Arxiduc Lluís Salvador
Via Púnica
Vía Romana
56
Carrer del País Basc
Carrer de Luci Oculaci
57
SES FIGUERETES
Carrer d'Al Sabini
77
PUIG DES MOLINS
Carrer d'Astúries
Carrer Ramon Muntaner
39
N
0
800 m

2
ES PRATET
Avinguda Santa Eulària des Riu
Carrer del Diputat Josep Ribas
Carrer de Carles III
29
Carrer de Felip II
Carrer de Carles V
50
Avinguda de Bartomeu Rosello
79
Carrer Lluís Tur i Palau
Estació Marítima
59
38
28
33
Avinguda de les Andanes
LA MARINA
55
Carrer d'Enmig
Passeig de Vara de Rey
34
36
74
Carrer de la Mare de Déu
60
Carrer Alt
Carrer de Jaume I
52
45
63
SA PENYA
30
Ronda d'Antoni Costa Ramon
49
69
25
62
66
72
DALT VILA
31
27
46
44
64
26
47
Carrer Pere Tur
65
Carrer Santa Maria
42
54
32
71
Carrer Major
48
75
41
53
Ronda de l'Almudaina
Carrer de Joan Xicó
ES SOTO
43

3
Eivissa (Ibiza)
Portinatx
Sant Joan de Labritja
Cala de Sant Vicent
Sant Miquel de Balansat
Santa Agnès
Sant Mateu
Sant Carles de Peralta
Santa Gertrudis de Fruitera
Cala Llenya
Can Germà
Buscastell
Santa Eulària des Riu
es Canar
S'Argamassa
Sant Antoni de Portmany
Sant Rafel de sa Creu
Cala Llonga
Sant Josep de sa Talaia
EIVISSA (Ibiza)
Cala Vedella
Sant Jordi de ses Salines
Es Cubells
Sant Francesc de s'Estany
La Savina
Formentera
Sant Francesc Xavier
El Pilar de La Mola
Cap de Barbaria
N
0
3 km

Andreas Drouve
111 Orte im Baskenland, die man gesehen haben muss
ISBN 978-3-7408-2023-7

Rüdiger Liedtke
111 Orte auf Mallorca, die man gesehen haben muss
ISBN 978-3-7408-2239-2

Sabine Kiesewein, Carl Lang
111 Orte auf Fuerteventura, die man gesehen haben muss
ISBN 978-3-7408-1973-6

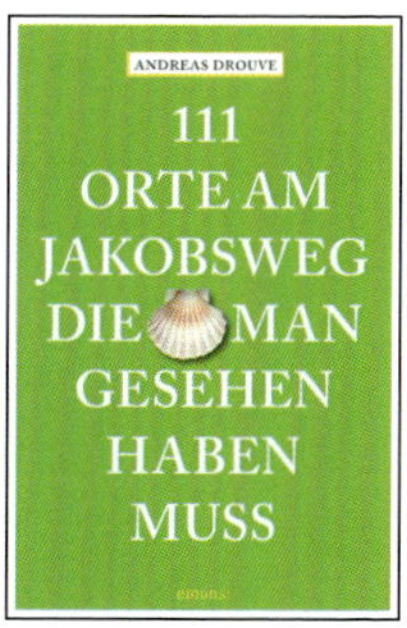

Andreas Drouve
111 Orte am Jakobsweg, die man gesehen haben muss
ISBN 978-3-7408-1092-4

Rolando Grumt Suárez
111 Orte in Barcelona, die man gesehen haben muss
ISBN 978-3-7408-0994-2

Rolando N. Grumt Suárez
111 Orte auf El Hierro, die man gesehen haben muss
ISBN 978-3-7408-0846-4

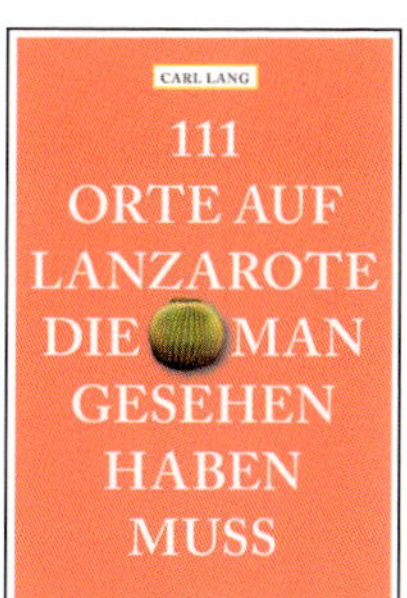

Carl Lang
111 Orte auf Lanzarote, die man gesehen haben muss
ISBN 978-3-7408-0836-5

Rolando G. Suárez
111 Orte auf Gran Canaria, die man gesehen haben muss
ISBN 978-3-7408-0436-7

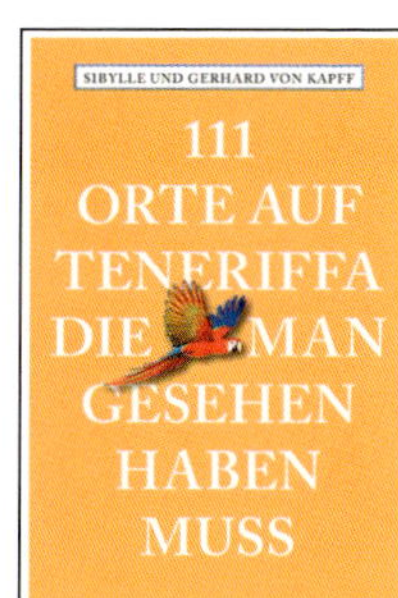

Sibylle von Kapff, Gerhard von Kapff
111 Orte auf Teneriffa, die man gesehen haben muss
ISBN 978-3-95451-916-3

Kirsten Lux,
Lisa Graf-Riemann
111 Orte auf La Palma, die man gesehen haben muss
ISBN 978-3-7408-0345-2

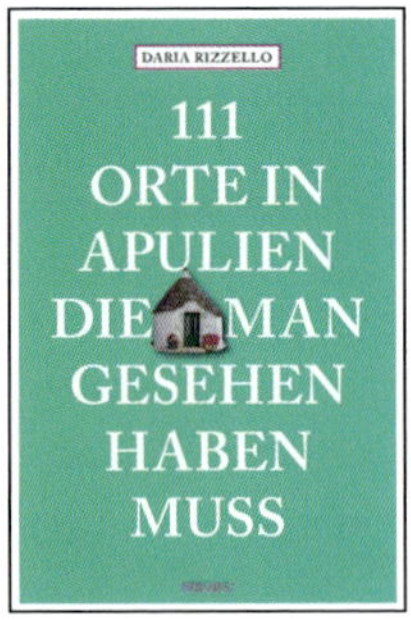

Daria Rizzello
111 Orte in Apulien, die man gesehen haben muss
ISBN 978-3-7408-1860-9

Jörg Dauscher
111 Orte in Bozen, die man gesehen haben muss
ISBN 978-3-7408-1897-5

Gisela Hopfmüller, Franz Hlavac
111 Genüsse in Friaul und Julisch Venetien, die man probiert haben muss
ISBN 978-3-7408-2022-0

Insa Hohmann, Katharina Hohmann, Fritz von Klinggräff
111 Orte am Lago Maggiore, die man gesehen haben muss
ISBN 978-3-7408-2118-0

Giulia Castelli Gattinara
111 Orte in den Dolomiten, die man gesehen haben muss
ISBN 978-3-7408-1972-9

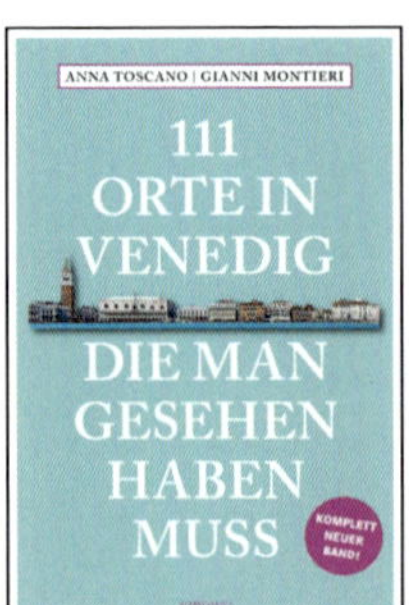

Gianni Montieri, Anna Toscano
111 Orte in Venedig, die man gesehen haben muss
ISBN 978-3-7408-1986-6

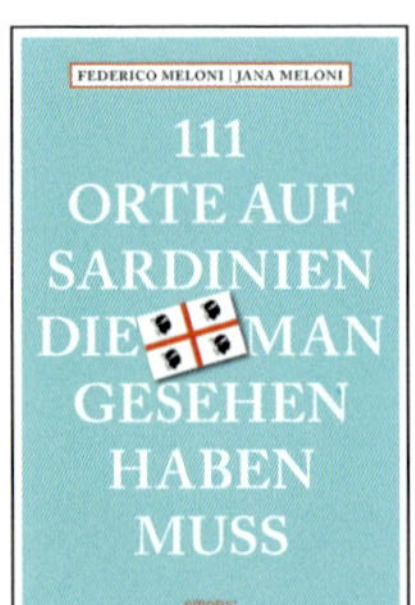

Federico Meloni, Jana Meloni
111 Orte auf Sardinien, die man gesehen haben muss
ISBN 978-3-7408-1997-2

Eileen Stiller
111 Orte auf Sizilien, die man gesehen haben muss
ISBN 978-3-7408-1424-3

Ulrich Kohlmann
111 Weinorte in der Toskana, die man gesehen haben muss
ISBN 978-3-7408-1741-1

Beate C. Kirchner
111 Orte in Florenz und im Norden der Toskana, die man gesehen haben muss
ISBN 978-3-7408-1630-8

Annett Klingner
111 Orte in Rom, die man gesehen haben muss
ISBN 978-3-7408-1628-5

Peter Eickhoff
111 Südtiroler Gasthäuser, die man kennen muss
ISBN 978-3-7408-0137-3

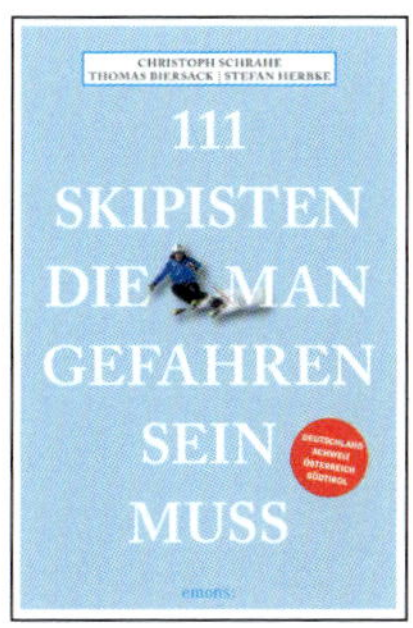

Christoph Schrahe, Stefan Herbke, Thomas Biersack
111 Skipisten, die man gefahren sein muss
ISBN 978-3-7408-1600-1

Beate Giacovelli
111 Orte am Comer See, die man gesehen haben muss
ISBN 978-3-7408-1201-0

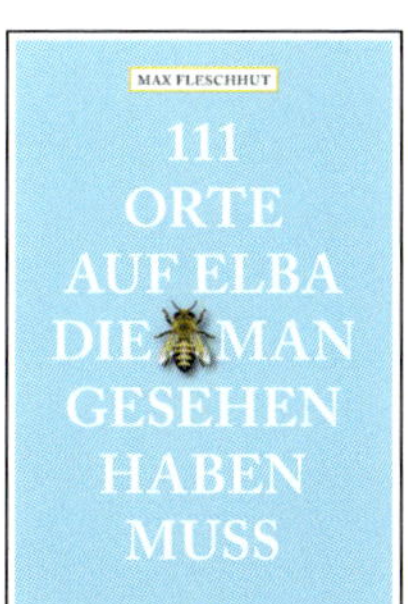

Max Fleschhut
111 Orte auf Elba, die man gesehen haben muss
ISBN 978-3-7408-0587-6

Franz Hlavac, Gisela Hopfmüller
111 Orte in Friaul und Julisch Venetien, die man gesehen haben muss
ISBN 978-3-7408-0575-3

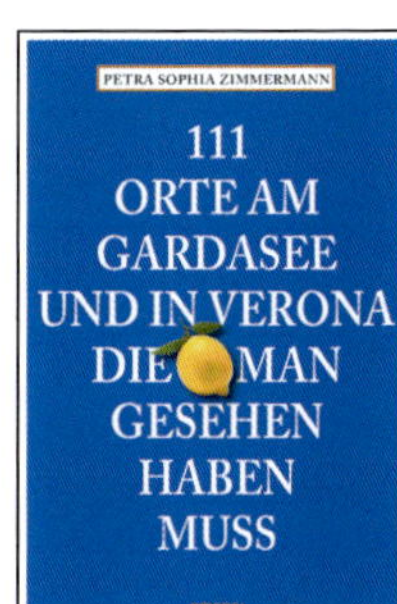

Petra Sophia Zimmermann
111 Orte am Gardasee und in Verona, die man gesehen haben muss
ISBN 978-3-95451-344-4

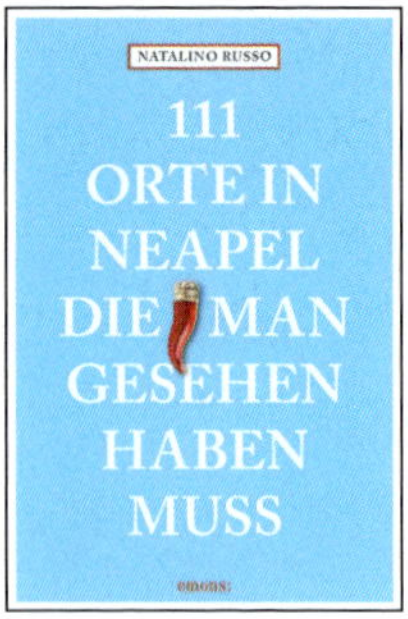

Natalino Russo
111 Orte in Neapel, die man gesehen haben muss
ISBN 978-3-7408-0478-7

Alessandro Martini, Maurizio Francesconi
111 Orte in Langhe, Roero und Monferrato, die man gesehen haben muss
ISBN 978-3-7408-0474-9

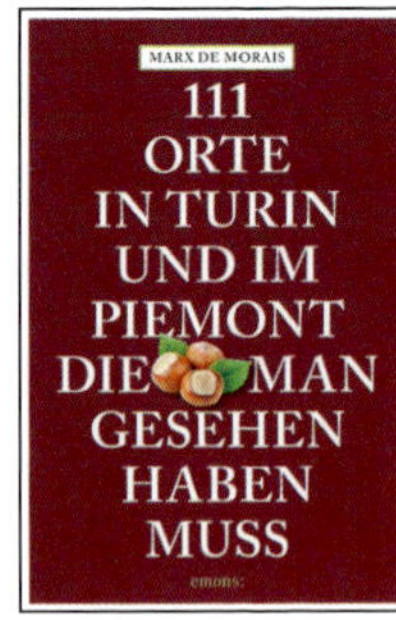

Marx de Morais
111 Orte in Turin und im Piemont, die man gesehen haben muss
ISBN 978-3-95451-736-7

Fabrizio Ardito
111 Orte auf Malta, die man gesehen haben muss
ISBN 978-3-7408-0356-8

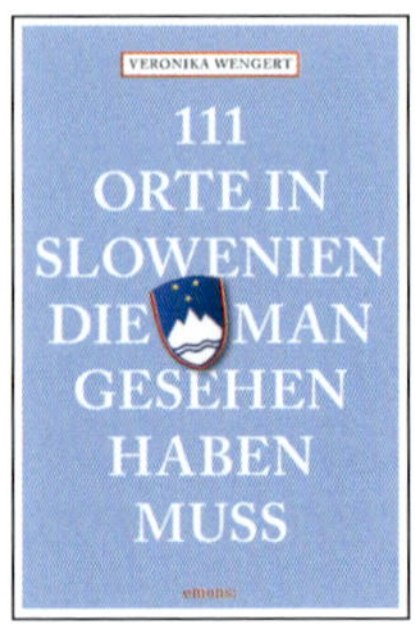

Veronika Wengert
111 Orte in Slowenien, die man gesehen haben muss
ISBN 978-3-7408-1083-2

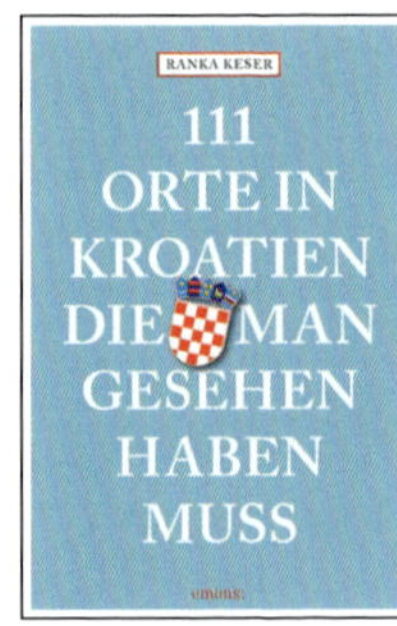

Ranka Keser
111 Orte in Kroatien, die man gesehen haben muss
ISBN 978-3-7408-0557-9

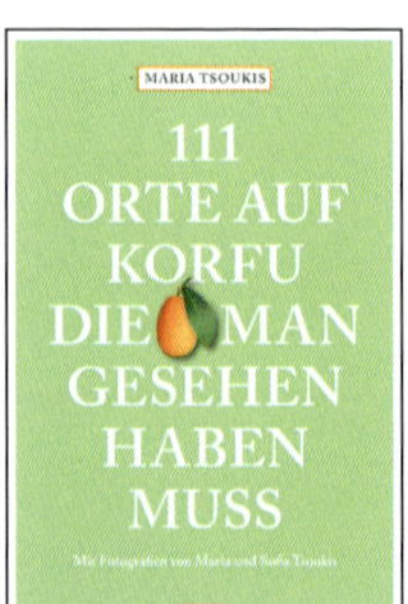

Maria Tsoukis
111 Orte auf Korfu, die man gesehen haben muss
ISBN 978-3-7408-1065-8

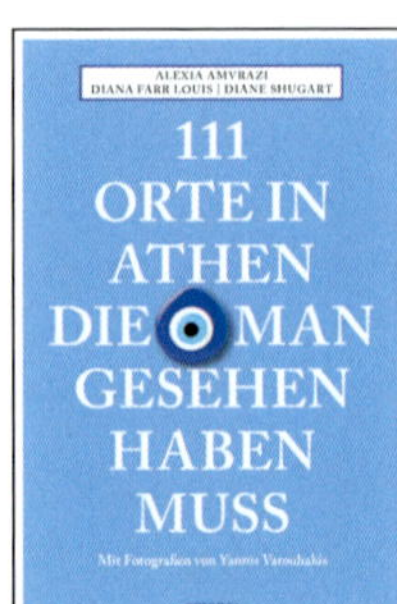

Alexia Amvrazi, Diana Farr Louis, Diane Shugart
111 Orte in Athen, die man gesehen haben muss
ISBN 978-3-7408-0560-9

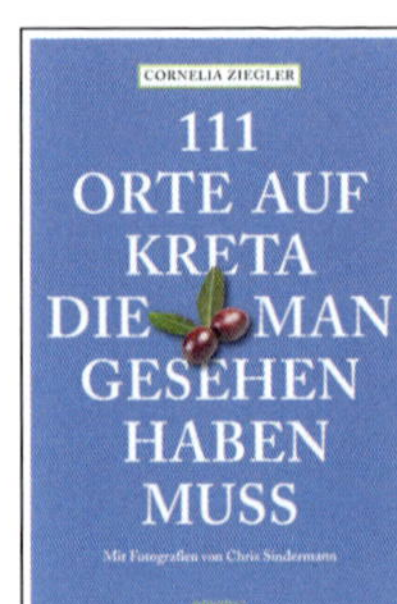

Cornelia Ziegler
111 Orte auf Kreta, die man gesehen haben muss
ISBN 978-3-95451-540-0

Ralf Nestmeyer
111 Orte an der Côte d'Azur, die man gesehen haben muss
ISBN 978-3-7408-2020-6

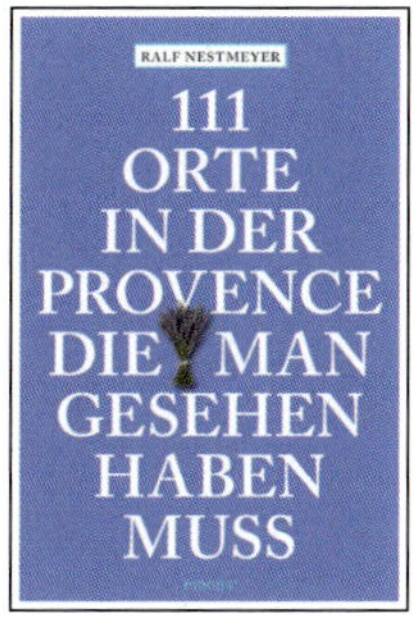

Ralf Nestmeyer
111 Orte in der Provence, die man gesehen haben muss
ISBN 978-3-7408-1960-6

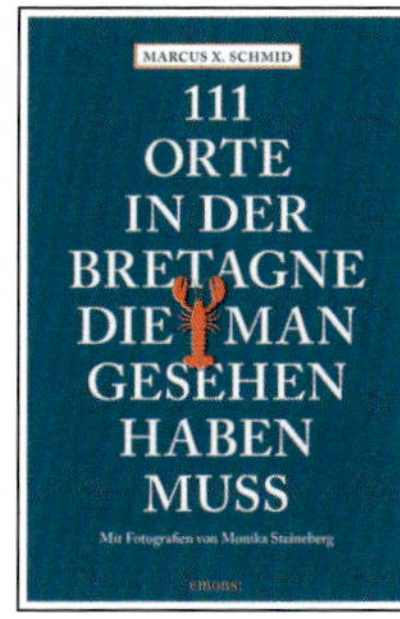

Marcus X. Schmid
111 Orte in der Bretagne, die man gesehen haben muss
ISBN 978-3-7408-1880-7

Marcus X. Schmid
111 Orte im Herzen des Jura, die man gesehen haben muss
ISBN 978-3-7408-1364-2

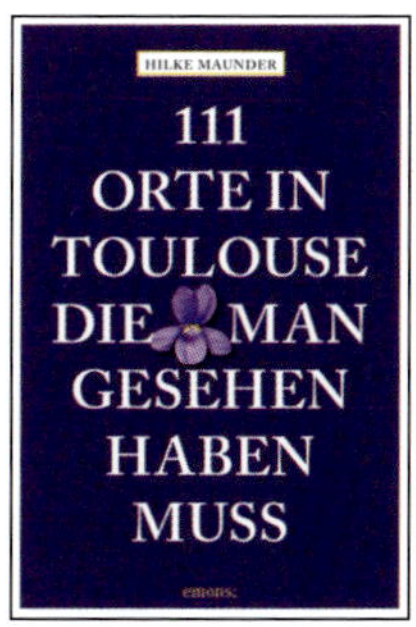

Hilke Maunder
111 Orte in Toulouse, die man gesehen haben muss
ISBN 978-3-7408-1091-7

Kay Walter
111 Orte am Canal du Midi, die man gesehen haben muss
ISBN 978-3-7408-1086-3

Martin Roos, Jean-Claude Bourgueil
111 Orte in der Champagne, die man gesehen haben muss
ISBN 978-3-7408-1084-9

Evelyn Pschak
111 Orte in den Pyrenäen, die man gesehen haben muss
ISBN 978-3-7408-0562-3

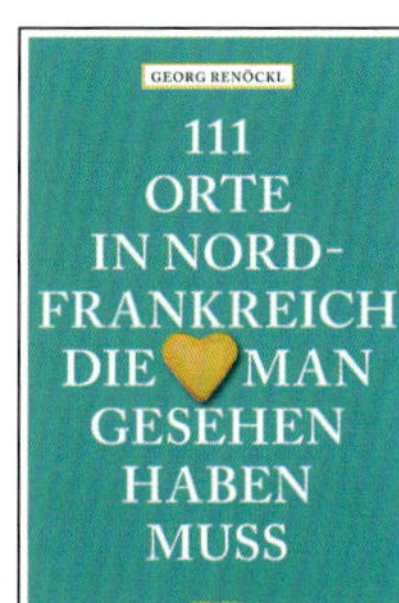

Georg Renöckl
111 Orte in Nordfrankreich, die man gesehen haben muss
ISBN 978-3-7408-0559-3

Robert Zsolnay (Halb-Ungar mit akuter Meeressucht, Stapellauf 1966) ist Autor und gelernter Journalist und arbeitet rund um den Globus. Er schreibt unter anderem für die Magazine »Spiegel Wissen« und »mare«. Ibiza und Formentera hat er erstmals in den 1980er Jahren besucht und ist seither Aficionado.